기독교인의 생활예절

기독교인의 생활예절

지은이 · 홍순구
초판 1쇄 찍은날 · 2000년 2월 17일
초판 1쇄 펴낸날 · 2000년 2월 26일
펴낸이 · 김승태
편집, 교정 · 이정현, 원성삼
표지디자인 · 한영애
영업 · 김석주
등록번호 · 제2-1349(1992. 3.31)
펴낸곳 · 예영커뮤니케이션
　　　　110-616 서울 광화문우체국 사서함 1661
　　　　T. (02) 2264-7211 F. (02) 2264-7214
　　　　E-mail : jeyoung@chollian.net

ISBN 89-8350-176-6　　03230

© 홍순구, 2000

값 7,000원

■ 잘못 만들어진 책은 언제든지 교환해 드립니다.

기독교인의 생활예절

■ 홍순구 지음

예영커뮤니케이션

머리말

　광장이나 전동차 내에서 흔히 ‘예수 믿고 천당 갑시다’ 라는 띠를 두르고 열심히 전도하는 모습을 보게 됩니다. 전도의 상대를 정해 놓고 일 대 일로 설득력 있게 하는 전도가 아니라, 유동 중인 다수를 향하여 ‘예수 믿으면 천당 가고 안 믿으면 지옥 간다’ 는 반협박조의 전도입니다.

　그러나 삶에 지친 사람들에게는 그 소리가 짜증스럽게 들리게 되고, 심지어 “나는 지옥 갈테니 너나 천당 가라” 면서 떠들지 말라는 사람도 있습니다.

　이제는 다른 방법으로 전도해야 한다고 생각합니다. 기독교는 이웃과 더불어 생활하는 종교이면서도 교리와 이론적인 것에만 치중하는 경향이 있습니다. 말로는 항상 겸손한 사람, 예의바른 사람이 되라고 하면서도 우리의 전통예절에 대해서는 소홀히 해 온 것이 사실입니다.

　따라서 이제는 노방전도보다는 대중들과 눈높이를 맞춰 나의 삶을 행동으로 보여 주어야 된다고 생각합니다. 우리가 그렇게 할 때에 “저 사람은 술, 담배도 안 하면서 예의범절도 바른 것을 보니 틀림없이 예수 믿는 사람인가봐” 라는 평가가 따르게 될 것입니다.

　그러나, 반면에 여러분들이 이미 경험했을지도 모를 애매한 어려움도 많이 있을 겁니다.

예를 들면, 믿지 않는 가정과 사돈을 맺으려고 함을 보낼 때 납폐(納幣)에 동봉하는 혼서지(婚書紙)를 쓰기 위해 '기독교 가정의례지침'이나 '표준예식서'를 찾아보았으나 참고될 만한 내용이 없어 난감했을 겁니다. 또 목회자가 아닌 사회지도급 인사로서 장로, 집사, 평신도가 혼인예식의 주례라든가 상가의 호상(護喪)을 맡게 될 때, 어느 한쪽만 하나님을 믿거나 고인만 믿었을 때 전통예식으로 진행하는 과정에서 기독교의 교리와 마찰을 가져온 경우도 있었을 겁니다.

이러한 경우들은 개신교가 우리 나라에 뿌리내린 지 약 110년이 지났지만 기독교인이 우리의 전통예절을 거부감없이 실생활에서 실천할 수 있도록 정립된 것이 없기 때문이라고 생각됩니다. 그래서 필자는 모태신앙인으로 35년 간의 공직생활을 하면서 체득한 경험을 토대로 우리의 전통문화인 예절을 기독교 교리에 어긋나지 않는 범위 내에서 접목시킬 수 있을까 하여 감히 이 글을 쓰게 되었습니다. 그러나 한정된 경험으로 내용이 부족할 뿐만 아니라, 예(禮)라는 것은 생활권에 따라 해석의 차이가 있을 수 있기 때문에 앞으로 보완할 내용이 있다고 생각되시면 연락을 주시기 바랍니다.

이제는 기독교가 우리 나라 전통풍습 중 받아들일 것은 과감하게 받아들이되, 제례 문제와 같이 십계명의 제1, 2계명에 위배되는 우상숭배는 버리고 기독교인의 겸손과 바른 예절의 실천으로 믿지 않는 사람들을 감동시켜 세상의 빛과 소금이 되라고 하신 예수님의 말씀대로 행해야겠습니다. 그러므로 새 천년에는 불신자와 통할 수 있는 예의바른 기독교 신자가 많이 나와 '복음의 견인차' 역할을 하였으면 하는 바람과 그러한 태도가 신앙인으로서 사회 생활을 하는 데 도움이 되었으면 합니다.

특별히 바쁘신 중에도 한국 전통예절의 대가이신 한국전례연구원 김득중 원장님의 격려와 불초 소인을 우리의 예절을 같이 걱정하는 한 사람으로 생각하시며 대해 주신 데 대하여 송구스럽게 생각하오며 감사를 드립니다. 끝으로 그 동안 자료 수집에 협조해 주신 총회 목사님들과 보건복지부 김현준 사무관, 철도공무원 교육원 강칠순 교수, 원고 정리에 수고한 며늘아기, 이 책이 출판되기까지 애써 주신 예영커뮤니케이션 여러분들께 감사드립니다.

경기 광주 기도원에서

홍순구

5장 가정의례

차 례

기독교 가정헌장

1. 가족은 하나님이 맺어준 특수한 사랑의 관계로 남녀노소가 동등한 행복을 추구하고 이를 위한 의식주 환경을 유지해야 한다.

2. 부부는 서로 사랑하고 존중하며 순결을 지키고 평등한 동반자로서 도와야 한다.

3. 부모는 자녀가 하나님의 선물임을 믿고 그리스도의 사랑을 바탕으로 자녀와 인격적으로 대화하고 이해하며 정직하고 근면한 삶의 본이 되어야 한다.

4. 부모 중 한쪽 또는 양쪽 모두 없는 가정이 소외되거나 불평등한 대우를 받아서는 안 되며 인간적인 긍지를 갖고 살아가도록 경제·문화적으로 특별한 관심의 대상으로 보호받아야 한다.

5. 자녀는 부모를 공경하며 부모의 참뜻을 이해하고 따라야 한다.

6. 형제 자매는 한 피 받은 사이임을 감사하며 함께 나누는 일에 협력해야 한다.

7. 장애자 가족이 있는 가정에는 일반인과 똑같이 교육받고 생활할 수 있는 기회가 주어져야 한다.

8. 가정은 모든 이웃과 더불어 사는 데 힘써야 하며 밝은 미래 사회 건설에 적극 참여해야 한다.

9. 가정은 파괴된 자연계와 인간 사회에서 창조 질서를 회복하는 일에 기여해야 한다.

10. 가정이 어려움에 처해 있을 때 국가로부터 최대한 보호받아야 한다.

1장
생활예절의 필요성

Ⅰ. 민족의 여망과 기독교의 연대성

1. 기독교는 민족의 역사 속에 살아 있다

우리 한민족이 1890년을 전후한 그 기간 동안에 민족 안에 분출된 최대의 여망은 '개화'였다. 그 때 개화의 주역으로 기독교가 등장하여 오늘날 서울에 있는 대다수의 기독교학교들이 바로 이 기간 동안에 선교사들에 의해 세워졌다. 개혁의 주역으로 기독교를 받아들임으로써 우리 한민족이 일제의 치하에 있을 때 민족의 최대 염원인 민족의 독립운동으로 1919년에 3·1운동이 있었고, 그 때 전국의 교회가 민족 독립운동의 보루역할을 담당했으며 해외에 있는 기독교 기관들은 한국의 독립운동을 밖으로 알리는 역할을 했다. 그뿐 아니라 당시 2천만 국민 중에 기독교인은 2퍼센트로, 3·1운동 대표 33인 중에 16명이 교인이었다는 것은 그만큼 기독교가 독립운동에 깊이 관여했다는 사실을 말해 주고 있는 것이다. 이 때부터 기독교가 '외세종교'라는 개념에서 탈피하여 민족세력과 결합하는 계기가 되었다. 1950년대 전·후반에는 기독교 세력이 사회의 주도 세력으로 등장하면서 기독교가 두 배 이상으로 부흥하였던 1980(1975~1985)년대 약 십여 년 간 우리 사회에 세 가지 큰 현상이 생겼다.

하나는 정치적으로 유신체제가 생겼고 그 유신체제가 5공화국으로 이어지면서, 두번째로 경제적인 측면에서는 산업화가 대대적으로 이루어져서 농촌에는 새마을운동이 활발하게 추진되던 시기였다. 그 다음 세번째로는 도시화가 이루어졌다. 이 변혁의 과정에서 발전적인 면도 있었지만 문제점도 많았다. 유신체제로 인한 우리 사회의 산업화로 노동문제 등의 인권문제가 대두되었다. 또한 도시화로 인하여 소외문제가 나타나게 되면서 여러 가지 갈등으로 발전되었는데, 세대 간의 갈등, 계층 간의 갈등, 지역 간의 갈등으로 확산되었다. 타종교에 비해서 기독교는 이러한 우리 사회의 부조리의 한계상황에 대하여 대변인 역할을 해왔다. 이렇게 사회의 여러 문제점에 대하여 대변인 역할을 할 수 있었던 것은 기독교가 사회화되었기 때문이라고 볼 수 있다.

기독교가 우리 사회의 중요한 의미를 갖게 된 예를 들면, 70년대 이전에는 기독교의 움직임에 대하여 일반 언론이 취급하지 않다가 80년대를 지나오면서 정부나 일반 매스컴도 기독교 교회의 존재에 촉각을 세우고 무시할 수 없는 위치가 되었다. 이 때부터 기독교는 대중화·사회화가 이루어졌다고 볼 수 있다. 또한 이러한 기독교에 대해서 여러 가지 비판도 있고 지양해야 할 일도 있었지만, 지난 110년 동안 한국 교회의 큰 장점을 생각한다면 그때 그때의 시대적 여망과 호흡을 같이 한 종교라고 볼 수 있다.

2. 대중적 여망과 기독교의 미래

지난날, 우리 민족의 반만년 역사를 돌아볼 때 민족의 여망과 연대성을 갖지 못한 종교는 퇴색되었다. 과거 고려가 붕괴될 때 그 당시의 종

교가 대중적 여망과 거리감을 가졌기 때문에 그 다음 조선왕조가 들어
섰을 때도 퇴색되었다. 또한 제정 러시아시대에도 기독교가 대중적 요
구를 외면했을 때 공산당 혁명이 일어나서 차기 정권에 의해서 박해의
대상이 되었다. 우리 한반도에 있어서도 재래의 한 종교가 사회의 주역
으로 있다가 쇠퇴되는 중요한 요인 중에 하나가 바로 대중적 여망을 외
면하고 소위 종교 지도자층은 있는 자와 함께 부패했었다는 데 있다. 당
시 종교가 권력이나 부를 가진 자와 상부상조했을 때 당대의 대중은 그
종교에 대하여 회의를 가졌고 그 주종교에 대해 실망하면서 다른 한편
으로는 무속화되어 갔다.

그렇다면 기독교 신앙의 본질은 무엇인가? 기독교 신앙의 본질은 신
에게 헌금을 하거나 예배를 드려서 신의 마음을 돌리는 것이 아니라 "어
떻게 하면 하나님의 성령으로 내가 거듭나고 새로워져서 하나님의 사람
이 될 수 있겠느냐"는 것이다. 그래서 신의 주체는 신에게 있고 거듭나
고 새로워지는 것은 우리 인간 편에 있는 것이 기독교 신앙의 본질이다.
내가 새 사람이 되는 것이 아니고 신의 마음을 돌이키려고 하는 것은 무
속적 사고방식의 기독교 신앙이다. 한 사회의 역사가 변화된다는 것은
신의 마음을 돌이키는 데 있는 것이 아니고 근본적으로 인간의 본질의
변화를 추구하는 데 있는 것이다. 인간의 본질의 변화를 추구하지 않는
종교는 사회 속에서 생명력을 잃어 버리게 된다.

3. 기독교인의 기본적 가치관의 변화

지금까지 기독교 현상과 역사의 이해 부분을 언급한 이유는 이제 우
리 기독교인은 대중과 더불어 살기 때문에 이웃과 접촉을 하는 데 있어

서 가치관의 변화가 있어야 된다고 보기 때문이다. 교회를 10년 아니라 20년을 다녔다고 할지라도 기본적인 가치관의 변화가 없으면 그는 형식적인 기독교인은 될 수 있을지 모르지만 내면적인 기독교인은 될 수가 없다. 인간의 3대 과제를 찾는다면 첫째는 '무엇을 위해 사는냐' 이고, 두번째는 '어떻게 사느냐', 세번째는 '누구와 함께 사느냐' 하는 것이다. 이 세 가지가 기독교인으로 인생의 승패를 가늠하고 인생의 행복의 정(情)도 측정할 수 있는 잣대가 된다고 하겠다.

첫째, '무엇을 위해 살 것이냐' 의 문제는 종교를 통해서 해결해야 하는데 내가 무엇을 위하여 살아야 하며 무엇을 위해 내 생명을 바치며 '나' 라는 존재를 영위시킬 것인가에 집착하면 집착할수록 종교생활은 순수해진다. 그러나 교회에 나가 어떻게 하면 종교의 힘을 빌려서 내가 승진할까, 돈을 벌 수 있을까 하는 생각이 앞서면 앞설수록 그 종교적 순수성은 점점 상실되고 무속화된다. 발은 교회에 들여 놓았지만 그 정신은 무속세계 속에서 머물게 된다. 그러므로 종교를 찾을 때에는 항상 인간의 본질적인 문제 즉, '나' 라는 존재는 무엇 때문에 세상에 있고, 무엇을 위해 살아야 하며, 내 생명을 무엇을 위해 써야 하느냐는 측면에서 신의 뜻이 무엇이며, 성경의 가르침이 무엇인가를 찾아서 어떻게 하면 하나님께 영광 돌릴 수 있겠는가를 생각해야 한다.

둘째, '어떻게 사는냐' 의 문제는 생계의 문제이다. 즉, 삶의 방법의 문제가 된다. '금강산도 식후경' 이란 말이 있듯이 우선 먹고 살 수 있는 생활 방편이 있어야 행복이나 불행, 성공이나 실패의 문제를 다룰 수 있고 그래서 우리가 직장생활도 하고 사업도 하면서 생계를 유지하며 살게 된다.

셋째, '누구와 함께 사느냐' 하는 문제로, 우리는 친구를 만나고 동료를 만나고 배우자를 만나서 살게 된다. 아무리 독불장군이라도 우리 인간은 사회적 동물이기 때문에 혼자는 살 수 없다. 기독교인이 전체 인구의 25퍼센트이고 75퍼센트나 되는 믿지 않는 사람들과 함께 옛부터 내려오는 전통적 풍습과 예절에 의해 사회의 공공질서가 유지되면서 살아왔기 때문에 우리 기독교인 또한 전통적 풍습 중 제례문제와 같이 십계명의 제1, 2계명에 위배되지 않는 범위 내에서 과감히 받아들이길 바란다. 그러나 이는 우리의 전통풍습과 예절에 대한 이해없이는 어려울 것같아 교리에 어긋나지 않는 부분을 행동으로 실천할 수 있도록 기독교인의 생활예절을 유형별로 한 가지씩 예시하였으니 주위환경과 조화를 이루어 실천함으로 세상의 빛과 소금이 되라고 하신 예수님의 말씀대로 행해야 겠다.

Ⅱ. 21세기를 위한 기독교인의 예절

1. 생활예절의 필요성

동남아시아의 종교는 2천 년 동안 시대와 왕조가 달라지고 정복자와 지배자가 달라졌지만 불교만 고수해 왔다. 인도는 2500년 동안 불교가 생기고 이슬람 세력들이 들어와서 힌두교가 성행했고 영국의 식민지하에서는 기독교가 엄청난 물량공세로 선교활동을 했지만 지금은 전체인구의 91퍼센트가 힌두교이다. 또한 유럽은 2천년 동안 기독교 문화권 안에서 시대가 달라지고 정세가 변했음에도 불구하고 주종교를 변경시키지 않고 그대로 이어 왔다.

그러나 우리 한민족은 시대적 정세의 변화에 따라 주종교를 과감하게 변경해 왔다. 고대에는 무속종교, 통일신라 시대로부터 고려 시대에 이르는 불교, 그리고 조선왕조 5백 년 동안의 유교, 최근에 들어와서는 기독교가 급성장하고 있다. 전체 인구의 27퍼센트가 불교도이고, 기독교가 25퍼센트이지만 21세기에는 기독교 인구가 상대적으로 더 증가하리라고 내다보고 있다. 그 이유는 통계적인 측면에서 타종교는 40대 후반이 약 70퍼센트 이상 되는데 비해 기독교 인구는 절반 이상이 20세 미만의 어린이와 젊은 청년으로 구성되어 있어 타종교보다 장래성이 더 많

다. 이런 점에서 21세기에는 한국의 주종교가 기독교가 되리라고 사회
학적 측면에서 전망하고 있기 때문에 앞으로 사회활동을 할 20세 미만
이 되는 어린이와 젊은 기독교 청년들의 장래나 기독교의 장래를 위해
기독교인의 생활예절은 매우 중요하다.

2. 우리 나라의 전통예절

　일반적으로 우리의 전통예절은 유교(儒敎)의 주자가례(朱子家禮)로
알고 있으나, 그것은 우리 예절의 고유성(固有性)에 배치(背馳)된다고
하겠다. 우리 민족은 종교적(宗敎的)인 민족으로 고대에는 무속종교에
서 통일신라 시대를 거쳐 고려시대까지 약 700년 동안을 불교가 국교화
(國敎化)되면서 우리 겨레 전통예절에 심대한 변화를 가져와 전통적인
생활규범이 흔들렸다. 그래서 고려의 뒤를 이은 조선이 고려 때 성행하
던 불교문화를 누르기 위해 주자학(朱子學)을 내세워 억불숭유(抑佛崇
儒) 정책을 쓰기도 했지만, 사실은 그 내용이 우리의 옛 생활 풍습과 유
사하여 자연스럽게 되살아 났다고 보아야 될 것이다.

　그 이유를 유추해 보면, 중국의 유교 창시자인 공자(孔子)는 '군자(君
子)가 사는 한국에 가서 살고 싶다' 라든가 춘추(春秋), 맹자(孟子)에서
도 '동이인(東夷人) 즉, 한국인 순(舜)임금이 도덕과 윤리를 전했다' 고
기록하고 있다. 뿐만 아니라, 중국에서는 한국을 제일 먼저 '동방예의지
국(東方禮儀之國)' 이라고 불렀다. 주자의 예설(禮說)인 주자가례(朱子
家禮)는 한국의 전통사상인 '효제충신(孝悌忠信)' 을 바탕에 두고 있었
던 한국의 생활문화가 학문적으로 체계화하지 못한 것에 대해 같은 한
자문화권인 중국학자에 의해 체계화된 것을 고려 말엽에 사신 안향(安

珦)에 의해 역수입하였다. 주자가례는 중국의 가정 윤리가 우리에게서 배운 것이기 때문에 우리의 생활문화와 큰 차이가 없었고, 한자문화 관계로 주자가례를 많이 보기는 하였지만 우리의 방법과 다른 것은 따르지 않았다. 그 근거로 현대 중국인의 생활 속에는 일체 주자가례의 흔적을 찾아볼 수 없는데 반해 우리 나라에서는 주자가례가 한국인의 정서와 합치되기 때문에 전통예절로 온전히 남아 있다.

한국전례연구소 김득중 원장은 예절이 언어와 같은 것이며 높은 산과 깊은 물에 막혀 일정한 지역에서 무리를 지어 사는 생활권에 따라 쓰여지는 말이 다르듯이 예절도 지리적인 것과 풍토적인 특이한 여건 아래의 생활권에서 공통된 생활양식이 정립되기 마련이라고 했다. 사실상 우리 나라 예절의 정립연대는 확실히 언제부터라고 말할 수 없을 만큼 아득한 옛날부터라고 『실천예절개론』에 기록되고 있다.

한 예로 춘천지역 교회연합세미나에서 외국 선교사의 말을 옮기면, "시골마을에서 어렵게 혼자 사는 노인이 있었는데 평소 마을 사람들로부터 사람 대접을 못 받고 살다 죽었기 때문에 장례를 치를 것이 걱정된다는 교인의 말을 듣고 교회에서 장례준비를 해서 갔더니 살아생전에는 왕래없이 지내던 온 마을 사람들이 모여 내 일같이 장례를 치르는 것을 보고 공동체 의식에의 자랑이 깃들인 한국 전통문화에 감명받았다"라는 선교사의 말을 들었을 때 바로 이것이 유구한 역사를 가진 우리 민족의 전통예절이며, 또한 우리의 자랑이고 긍지인 것이다.

따라서 예절이란 그 나라의 생활하는 풍습 중에서 가장 마땅한 것을 따르는 것이므로 우리 나라 풍습 중에 기독교 교리에 저촉되지 않는 한 우리 나라의 풍습을 따르는 것이 합리적이라 하겠다. 풍토와 지리적인 면과 생활방식이 다른 외국에 가서는 그 나라의 생활습관에 익숙해지도록 노력해야 그 나라에서 인정을 받게 될 것이다.

2장
공통예절

Ⅰ. 우리 의례문화 바로 세우기 실천운동

　1994년 12월 19일(가정 65221-652) 보건사회부 장관은 '우리 의례문화 바로 세우기 실천운동'으로 협조공문을 각 혼인예식장 대표와 전국 요식업 중앙회장 앞으로 보낸 바 있다.

　그 내용을 보면 우리 국민의 가정의례문화 중에 잘못 전래되고 있는 것의 대표적인 것은 혼례시 신랑, 신부의 위치와 수연례의 남자 어른, 여자 어른의 위치를 맞바꾸어 행하므로 경건하고 엄숙해야 할 의례식의 참뜻을 망치는 등 동방예의지국의 국민답지 않은 무례가 행해지고 있는 것이 오늘날의 실정이니, 우리 국민 모두는 동방예의지국 국민답게 우리 나라 예절문화를 바르게 실천하고 있는지 뒤돌아보면서 우리 생활 속에 잘못된 의례문화를 바로 세워 실천하자는 것이다.

　그것이 또한 우리의 모습을 바로 세우는 일이자 진정한 의미의 살아 있는 생활개혁이 될 것이다. 또한 세계화 시대의 국제 경쟁 속에서 요구되는 것은 우리의 것을 바로 알고 지키면서 세계 속으로 나아가야 할 것을 요구하고 있다.

1. 올바로 세워야 할 사항

1) 혼례인

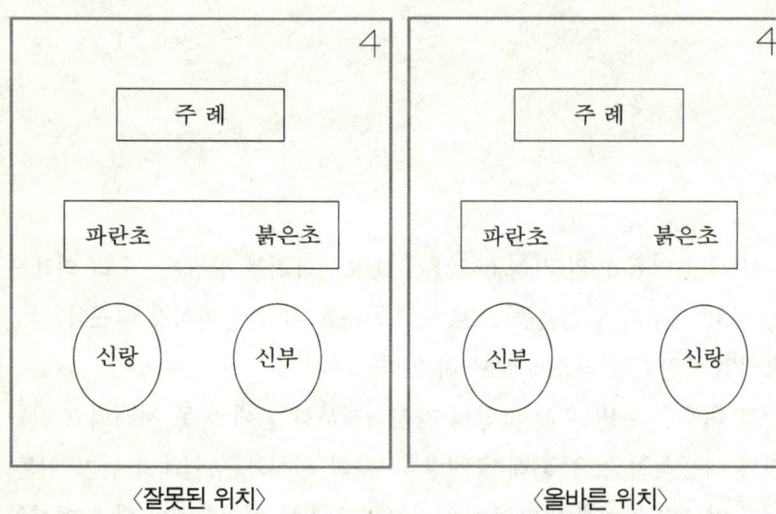

〈잘못된 위치〉   〈올바른 위치〉

2) 수연례

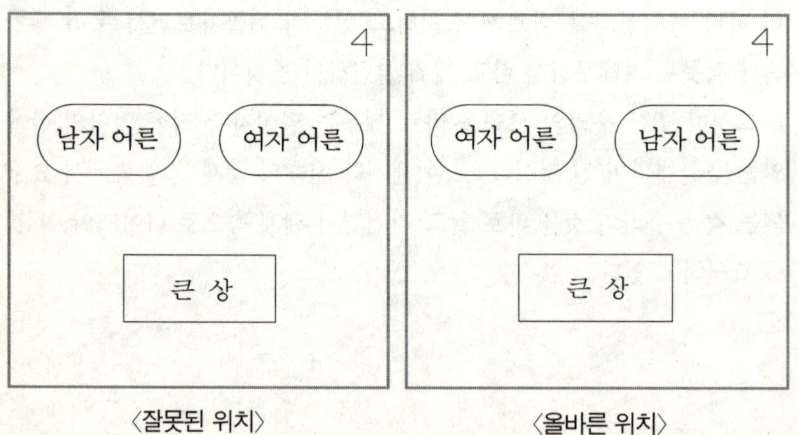

〈잘못된 위치〉   〈올바른 위치〉

2. 근거

1) 예절에서 동서남북은 자연의 동서남북과 관계없이 제일 윗자리 (상석)가 북쪽이고 상석의 앞이 남쪽이며, 왼쪽은 동쪽이고, 오른쪽 은 서쪽이다.

2) 동쪽은 해뜨는 곳이니까 양(陽), 즉 남자이고 서쪽은 해지는 곳이 니까 음(陰), 즉 여자이다.

3) 혼례식 때 주례가 있는 곳이 상석(북쪽)이므로 신랑은 동쪽에 서 고 신부는 서쪽에 서야 한다. 남동여서(男東女西), 이것은 우리 나라 의 전통 혼례뿐만 아니라 세계의 종교의식도 그렇다.

4) 수연례에서는 남자 어른이 동쪽, 여자 어른이 서쪽에 위치한다.

5) 낮과 밤이 다르듯이 산 사람과 죽은 사람에 대한 의례는 구별된다. 즉 공수(拱手)도 길사(吉事) 시에는 남자의 경우 왼손이 오른손 위에 포개 잡고, 여자는 오른손이 왼손 위로 포개 잡는다. 그러나 흉사(凶 事) 시에는 남녀 모두 반대로 한다. 그러므로 산 사람의 위치는 남자 가 동쪽이고 여자가 서쪽이지만 죽은 사람에 대한 묘지의 시체는 다 음과 같이 남편이 서쪽이고 부인이 동쪽이다.

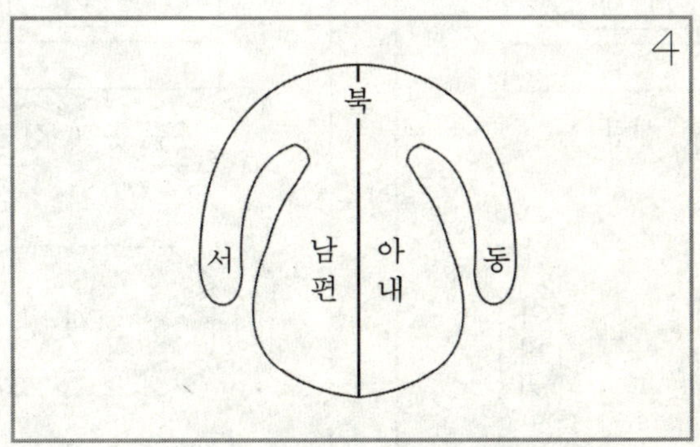

〈묘지의 남녀 시체의 위치〉

3. 전통종교의 혼인예식

〈전통 혼례〉

〈가톨릭 혼배성사〉

〈불교식 혼인예식〉

〈신부 입장시의 위치〉

〈기독교 혼인예식〉

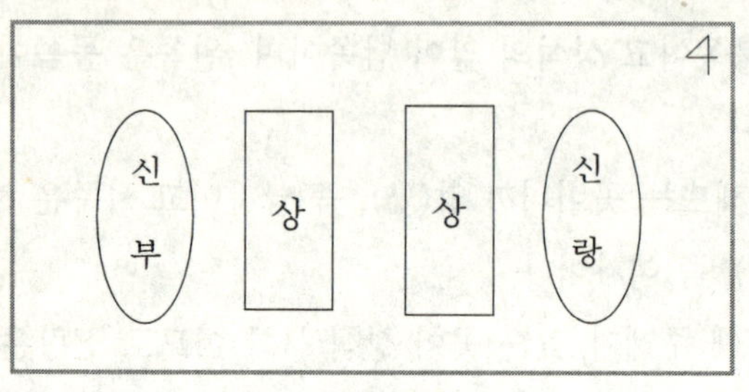

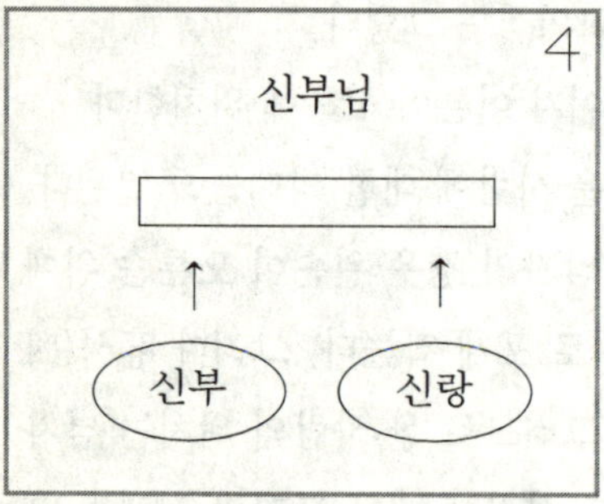

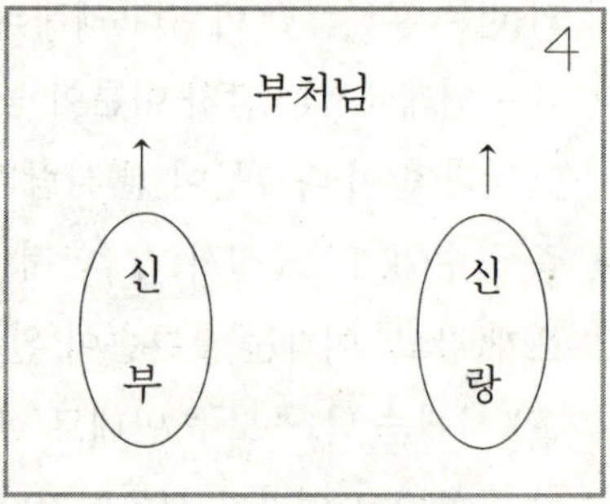

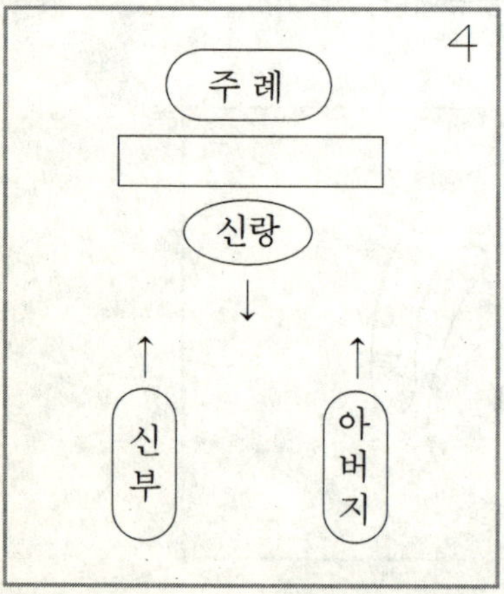

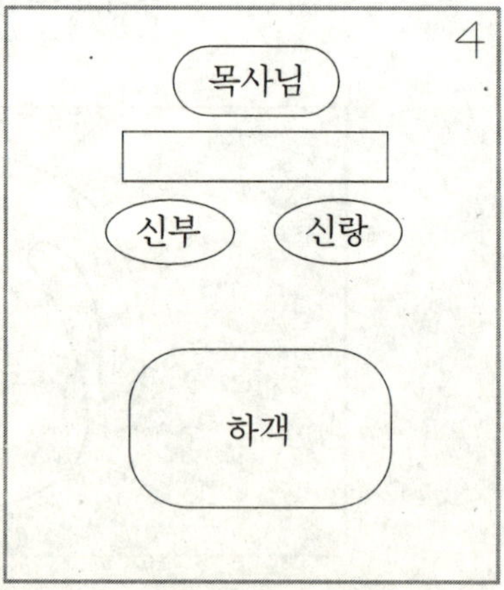

Ⅱ. 예절의 동서남북

일상생활이나 의식생활에서 방향을 말할 때에는 자연의 동서남북과는 관계없이 예절을 차려야 하는 장소, 예를 들어 혼인예식에서와 같이 주례가 서 있는 곳이 상석으로 북쪽이 되고 하객석이 남쪽이며 주례의 왼쪽이 동쪽이고 오른쪽이 서쪽이 된다. 그 이유는 웃어른이 남향을 향해 앉아야 하기 때문이다.

참고로 방향을 정하는 것은 미신이 아니라 과학적이란 말을 하고자 한다. 적도 북쪽에 위치한 우리 나라에는 서향집보다 남향집을 선호한다. 그 이유는 서향집에 살다보면 여름에는 덥고, 겨울에는 일조시간이 짧고 바람이 세게 불어 춥고 화초가 잘 자라지 않는다. 반대로 남향집은 여름에는 태양의 위치가 지붕 위에 있어 그리 덥지 않고 겨울에는 남쪽으로 기울어 일조시간이 길어 따뜻하니 남향집을 선호하게 된다.

언젠가 남쪽에 위치한 호주의 수도 캔버라에 연수를 갔을 때 한국 대사관에 들른 적이 있는데 건물 내부가 답답한 것 같아 건물에 대하여 질문을 하니, 직원이 "대사관을 신축할 때 한국의 풍습대로 방향을 남쪽으로 짓고보니 해가 북쪽에 있어 365일 햇빛이 없어 환경이 나쁜 건물이 되었다"고 했다. 호주에서는 건물을 신축할 때 적도 남쪽이기 때문에 북향으로 창문이나 문을 내어야 햇빛을 볼 수 있는 것이다.

또한 땅 속에 흐르는 수맥이 자연과 인체에 미치는 영향에 대하여 예를 들어보면 사무실의 꽃 핀 난이나 꽃화분을 갖다 놓으면 1주일도 안되어 벌레가 잘라 놓은 것처럼 꽃이 떨어지고 몸도 쉽게 피곤함을 느껴 집무실에 수맥을 찾아보니 소파 밑과 화분이 놓인 곳 밑으로 수맥이 흐르고 있었다. 그래서 은박지를 그 밑에 깔아 수맥을 차단시켜 놓고 수맥을 재어보니 반응이 나타나지 않고 몸도 그전같이 가벼워졌다.

이런 이유는 우리 인체의 피와 같이 24시간 순환하면서 물의 공급을 받기 위해 지표를 깨뜨리는 강한 물리적인 힘을 내기도 한다. 그래서 튼튼하게 지은 건물에 균열이 가고 싱싱했던 꽃이 시들어 떨어지며 몸이 나른하고 피곤함을 쉽게 느끼게 된다. 한 예로 강아지가 날씨가 아무리 추워도 개집에 들어가서 안 잘 때에는 그 개집 밑에 수맥을 탐사해 보면 틀림없이 수맥이 흐르고 있을 것이다. 반대로 고양이가 자는 곳에는 수맥이 흐른다. 고양이와 벌과 개미는 수맥을 선호한다.

어린아이를 재우고 아침에 보면 뒹굴어 방 한쪽 구석에서 웅크리고 자는 것을 보게 되는데 이것은 틀림없이 처음 재운 곳에 수맥이 흐르기 때문이다. 어린아이는 생체전류가 5.5V 정도 흐르기 때문에 수맥에 민감하여 수맥을 본능적으로 피해 자는 것이지 잠버릇이 나쁜 것이 아니다. 요즈음 신세대 어머니들은 침대에 어린이를 재우는데 침대를 놓기 전에 수맥을 탐사해 보는 것도 바람직한 일이라 하겠다.

Ⅲ. 남좌여우(男左女右) · 남동여서(男東女西)

1. 공수하는 방법

공수(拱手)의 공손한 자세를 취할 때 '남좌여우 (男左女右)' 란 말을 많이 쓴다. 공수는 남들과 함께하는 것이 아니고 자기 혼자하는 것이기 때문에 자신이 상석이 되는 것이다. 그러니까 자신의 왼쪽이 동쪽이고, 오른쪽이 서쪽이 된다. 동쪽은 해뜨는 곳이니 양(陽) 즉, 남자이고 서쪽은 해가 지는 곳이니 음(陰) 즉, 여자이다.

이런 이유로 공수(拱手)시에 남자는 왼손을 위로 하고, 여자는 오른손을 위로 하는 것이다. 한 예로, 우리가 일상생활 중에 식사할 때 밥은 좌측에 국은 우측에 놓고 수저 또한 우측에 놓는다. 이는 밥보다 국은 액체이므로 흘릴 확률이 높기 때문에 활동이 편한 수저를 잡는 위치인 우측에 놓게 되는 것이 편의상 지금까지 내려오고 있는 습관과 같은 맥락에서 이해하면 된다.

그러나 흉사시에는 평상시와 반대로 여자는 왼손을 위로하고, 남자는 오른손을 위로 한다. 음양(陰陽)은 전기(電氣), 자기(磁氣)의 음극(−: 陰極), 양극(+: 陽極)과 같은 것으로 보면 된다.

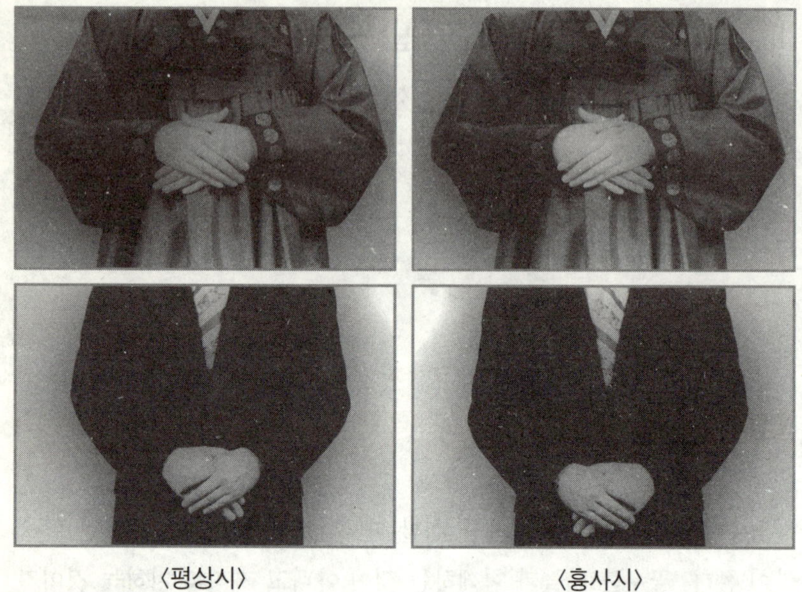

〈평상시〉　　　　　　　　　〈흉사시〉

2. 의식 행사에서의 석차 및 좌석 배치

1) 현대 의식 행사 석차

전통 의식의 석차는 어느 날 갑자기 의도적으로 정한 것이 아니라 오랜 생활을 통하여 윗세대와 아랫세대의 연령의 많고 적음에 따라 가통(家統)의 직계, 방계(傍系) 등 엄격한 기준에 의해 차례가 결정되므로 위치의 상석과 하석의 기준이 오랜 생활 습관을 통하여 합리적으로 정립되어 내려오고 있다.

2) 기독교에서의 의식 행사 석차

기독교는 평등사상인데 무슨 석차가 있느냐고 반문할지도 모르지만 예를 들자면, 우리 나라 제2대 윤보선 대통령께서는 원로하신 연세에도 불구하고 젊은 목사님 앞에 무릎을 꿇고 축복의 기도를 부탁하여 받고는 "목사님 감사합니다"라고 하며 고마움을 표시했다고 한다.

또한 자기 자식에 대하여 부모가 안수받기 전까지 '애비'라고 부르다가 안수 받은 후에는 육신의 아들이지만 기름부음 받은 하나님의 종이란 것을 알고 '애비'에서 '목사님'이라고 호칭을 바꿔 부르게 된다. 바로 이것이 하나님을 믿는 신앙인들의 석차라고 하겠다. 직분자의 석차는 안수 받은 순위대로 하고, 평신도는 사회에서의 석차대로 한다.

3) 현행 사회 의식행사에서의 좌석 배치
(1) 중앙이 상석일 경우

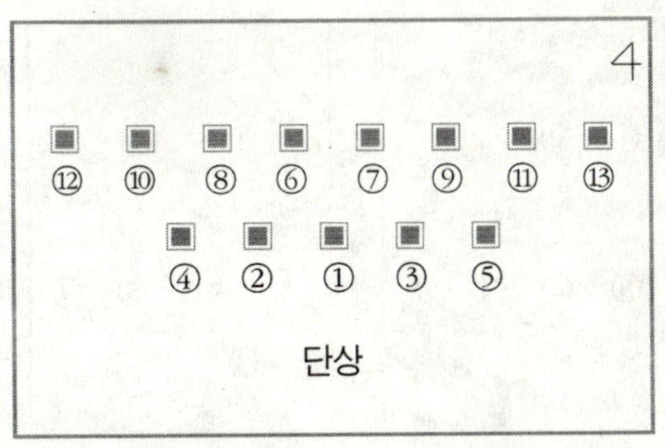

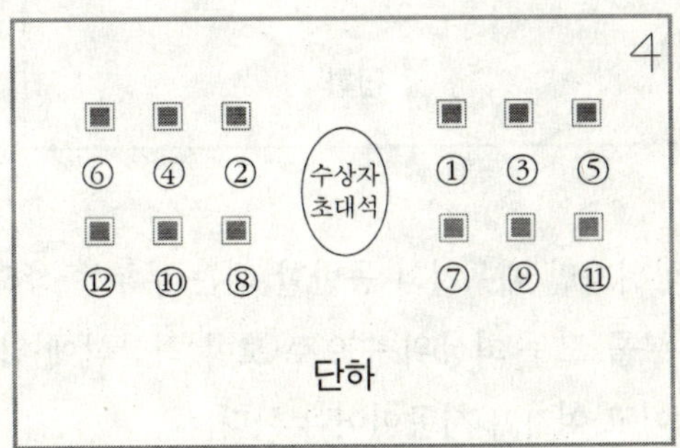

① 단상: 모든 사람이 동성이거나, 설사 남녀가 합석이라도 배우자 관계가 아닌 경우에는 순수한 위계에 의한 순서로 석차를 정한다.

② 단하: 특별한 좌석이나 행사장을 설치하는 경우

(2) 최상석자만 부부동반일 때

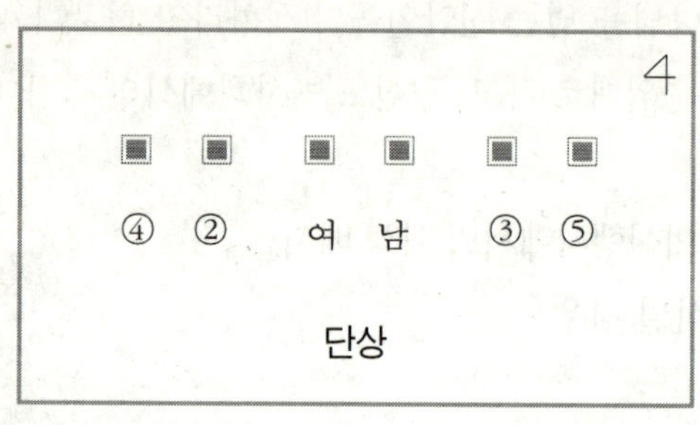

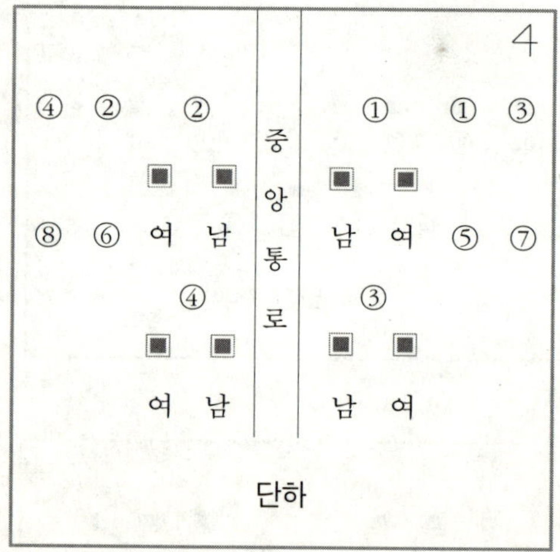

① 단상: 최상위자만 배우자와 동반할 때는 부부는 상하가 없이 동위격이므로 부부를 모두 최상위 순으로 보아 최상석에 위치한다. 이때, 남자가 동쪽이고 여자가 서쪽이어야 한다.

② 단하: 수상자 또는 특별 초대자가 부부 동반일 때는 부부는 동위
격으로 각기 부부를 같은 순위의 좌석에 배치하되, 중앙에 통로가 있
기 때문에 여자를 보호한다는 의미에서 남자가 통로 쪽에 앉는다.

4) 기독교 예배시 좌석 배치

(1) 교인이 많지 않아 남녀 구분하여 앉을 경우에 남좌(男左)·여우
(女右)로 함이 우리 풍습에 맞는다.

(2) 가족 단위로 앉되 중앙에 통로가 있으므로 남자가 여자를 보호한
다는 의미에서 남자가 통로 쪽에 앉는다.

(3) 부득이 남녀 구분이 필요할 때는 남좌여우(男左女右)로 함이 우리
풍습에 맞는다(의자 없는 교회, 기도원).

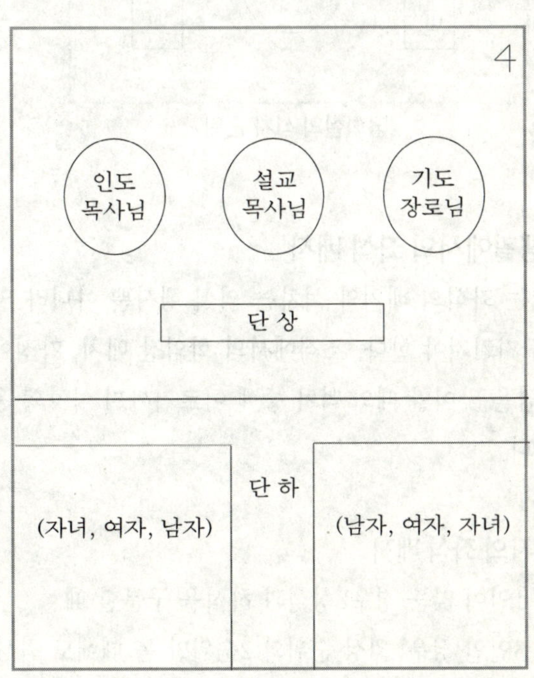

(4) 당회실의 의자 배치

어느 교회의 당회실에 들어가면 의자마다 명찰이 놓여 있어 잠깐 들렀던 성도들이 당황하게 된다. 이는 바람직하지 않다. 왜냐하면 사회에서도 직급이 있듯이 당회 내에서도 안수 받은 순으로 묵시적인 석차가 있으니 이를 활용하고 소파에 있는 명찰을 제거함이 보기에도 좋다.

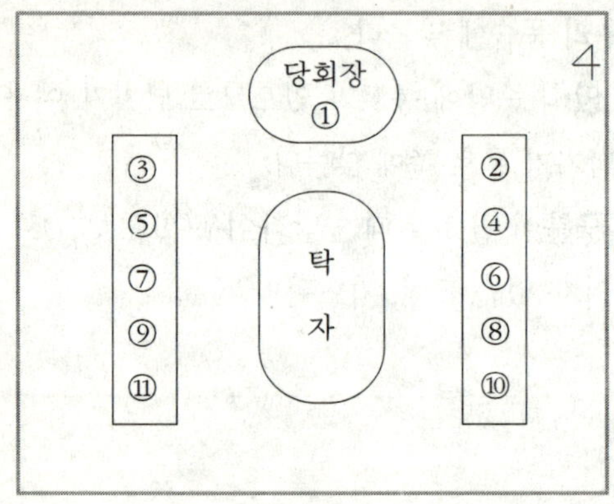

〈당회실의 석차 순위〉

3. 일상 생활에서의 좌석 배치

위계에 맞는 좌석의 배치와 석차는 의식 행사뿐 아니라 일상 생활에서도 엄격히 지켜져야 한다. 조직에서의 회의장 배치, 가정에서의 가족의 석차, 손님을 맞이할 때의 석차 등에 이르기까지 석차의 응용은 다양하게 적용된다.

1) 회의탁자의 좌석 배치

(1) 상석에 1인이 앉는 경우: 상석과 하석을 구분할 때

(2) 상석이 3인인 경우: 최상 순위와 2순위만 볼 때에도 최상위가 상석

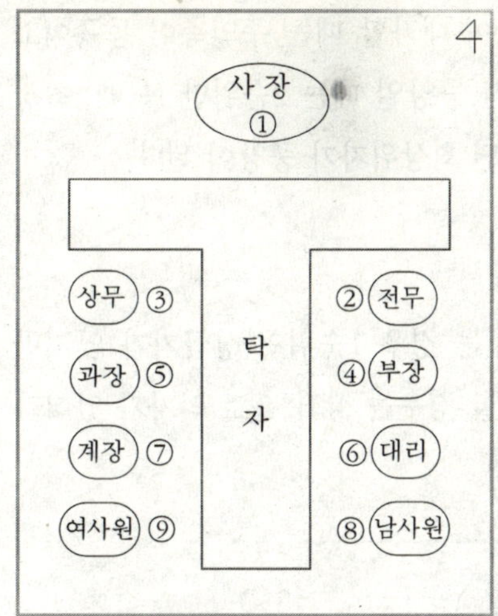

〈상석에 1인이 앉는 경우〉

〈상석이 3인인 경우〉

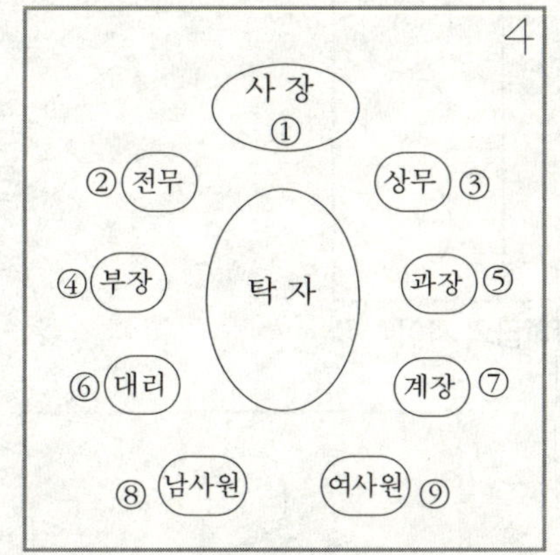

〈원탁인 경우〉

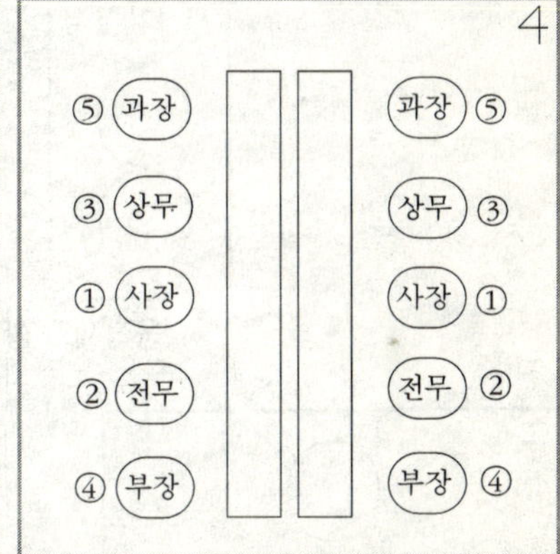

〈대좌형의 경우〉

(참고: 김득중, 『실천예절개론』, 108쪽)

인 동쪽이 되도록 배치한다.

⑶ 원탁인 경우: 최상 순위자와 2순위만 볼 때는 최상 순위가 동쪽이 되어야 하고, 3순위까지 보면 최상위자가 중앙이 되어야 한다.

⑷ 대좌형의 경우: 주인과 손님측이 대좌할 때는 주인측이 동쪽이고
손님측이 서쪽이 된다. 최상위자가 중앙일 때는 2순위만 볼 때, 최상
위자가 북쪽이 되고 3순위까지 보면 최상위자가 중앙이 된다.

2) 응접의자의 좌석 배치

응접 의자에 상좌 홀로 의자가 있는 경우 1순위인 상급자가 앉지만
남녀의 경우 및 주인과 손님의 대좌할 경우는 상좌 홀로 의자가 있더라
도 앉지 않고 그림과 같이 배치한다.

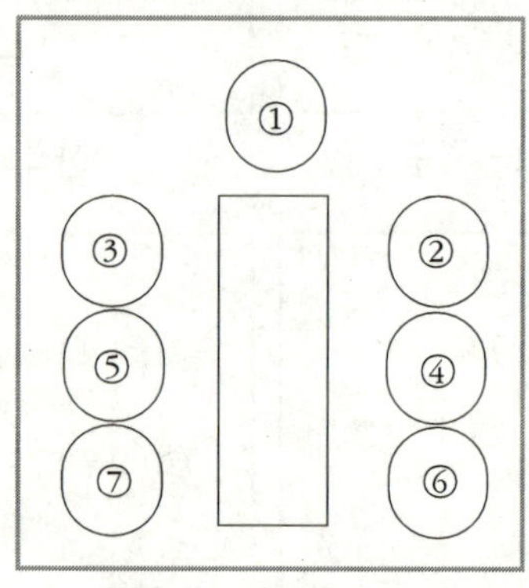

〈응접세트 상하급의 차이〉

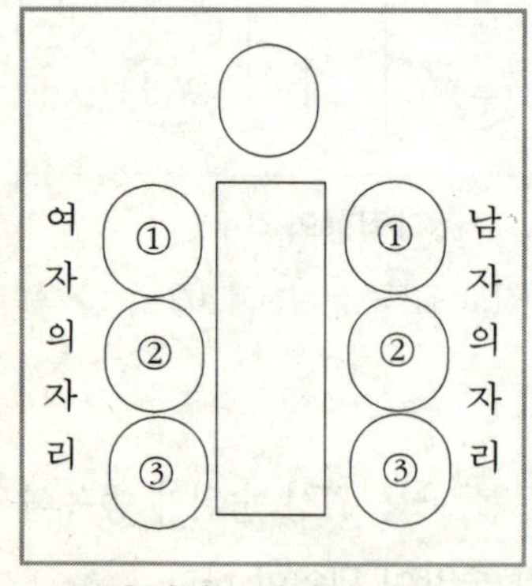

〈응접세트 남녀의 석차〉

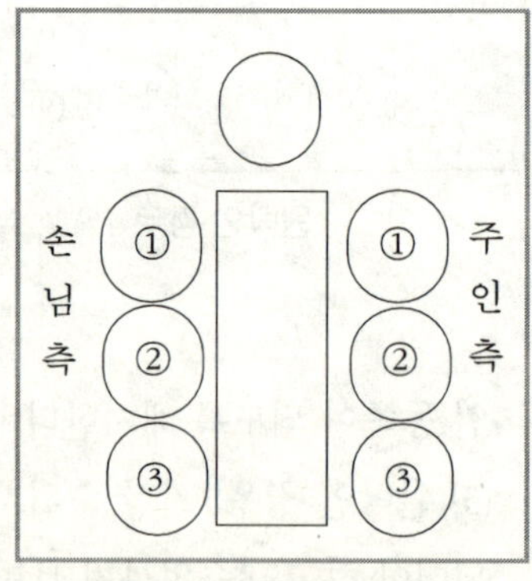

〈응접세트 주객의 석차〉

4. 연회에서의 좌석 서열과 예절

우리 나라에서 공적인 일상생활의 좌석 서열은 알고 그런대로 지켜지고 있으나 연회에서의 좌석 배치는 원래 우리 나라의 식탁은 외상이 기본 상(床) 차리기로 가족 단위를 중심으로 해서 어른이 아랫목(상석)에 앉고 아랫 사람이 자리에 앉고, 아랫 사람이 먼저 식사가 끝나도 수저를 상 위에 놓지 않고 어른보다 먼저 일어나지 않는다는 정도는 알고 있다.

그러나 연회시 교자상 차림의 경우는 일상생활에서의 좌석배치(대좌형)에 따르지만 오랜 가부장적 생활 습관으로 서구식에서와 같이 남녀의 구별이 없는 것이 아쉽다. 지금은 국제화 시대이기 때문에 서구식 연회에서의 좌석 서열과 예절을 익힘으로 연회에 초청되었을 때 부담없이 참석하기를 바라는 뜻에서 기술하였다.

1) 연회

서구식 연회에는 가장 전통적인 만찬(晚餐), 오찬(午餐), 리셉션 외에 다과회(茶菓會), 조찬회(朝餐會), 원유회(園遊會) 등이 있다.

2) 좌석 서열 결정

좌석 서열은 연회 준비 사항 중에 가장 세심한 주의를 기울여야 하는 문제로 다음과 같은 원칙에 따라 참석자 전원을 서열 순으로 번호를 붙인 명단을 먼저 준비하는 것이 작업이 쉽다.

(1) 공직자의 서열은 공식 서열에 따른다.
(2) 민간의 저명 실업가, 문필가, 예술가 등 사회적으로 알려진 사람에 대해서는 예의상의 석차를 둔다.

⑶ 기타 손님의 서열 결정의 기준

① 외국인

② 손님의 친구로 모르는 사람

③ 전 공직자

④ 자기 집에 처음 오는 손님

⑤ 자기 집에 가끔 오는 손님

⑥ 자기 집에 늘 오는 손님

⑦ 친척

⑷ 부인 간의 서열

① 기혼 부인

② 미망인

③ 이혼 부인

④ 미혼녀

3) 상위자의 위치

⑴ 양실에서는 벽난로가 있는 곳이 상석이고 입구가 하위석이 된다. 벽난로가 없는 방에서는 입구가 하위석이므로 자연히 방 안쪽이 상석이 된다.

⑵ 입구를 기준으로 하기 어려울 때는 정원을 바라보는 벽쪽이 상석이고 정원을 등진 쪽이 하위석이 된다.

⑶ 식탁 중심부의 벽난로에 등을 지고 있는 곳에 여주인의 자리를 잡는 것이 원칙이므로 그 정면이 주인(Host)의 자리가 된다.

⑷ 서구식은 부부를 나란히 앉히는 것은 절대로 피해야 하며 또 부부를 마주보게 앉혀서도 안 된다.

4) 현대인의 테이블 매너

(1) 식탁에서의 바른 자세
① 식당에 들어가서 남성은 식탁에 앉기 전에 자신의 오른쪽에 앉을 여성이 의자에 앉는 것을 도와 주는 것이 예의이다.
② 의자에 앉을 때 의자 뒤쪽으로 깊숙이 앉도록 하고 식탁과는 대개 주먹 크기 정도(6~9cm)의 사이를 두고 앉는다.
③ 식탁에 앉아서 머리카락을 만지작거리거나, 손톱을 깨물거나, 기지개를 켜는 것 등은 아주 금기로 되어 있다.
④ 식탁에서 팔꿈치를 너무 옆으로 뻗어서는 안 된다. 한 손님이 차지하는 폭은 65cm에서 75cm 정도이다.

(2) 대화
식탁에서는 이웃 사람들과 자연스럽게 교양있는 대화를 나누도록 해야 한다. 멀리 떨어져 앉은 사람과 큰 소리로 이야기해서는 안 된다(정치, 종교, 금전문제 등은 피하는 것이 상식이다. 날씨, 여행, 스포츠, 시사 뉴스, 문화, 음악, 예술 등의 가벼운 대화가 적당하다).

(3) 냅킨의 사용법
① 냅킨은 손님들이 모두 착석하고 이웃 손님들과 한두 마디 나눈 다음 천천히 자연스럽게 펴는 것이 좋다. 그리고 우리 나라와 같이 식사 전에 인사말이나 건배를 하는 나라에서는 그 행사가 끝날 때까지 냅킨을 펴지 않는 것이 좋다.
② 냅킨은 두겹으로 접힌 상태에서 접힌 쪽이 자기 앞으로 오게 무릎 위에 놓는 것이 정식이다. 냅킨을 단추 구멍이나 목에 끼는 것은 어

린이 이외에는 해서는 안 된다.

③ 냅킨은 입술이나 손가락을 가볍게 닦을 때 사용한다.

④ 식사 중에 잠시 자리를 뜰 때에는 이웃 사람에게 잠깐 실례한다고 인사를 하고 냅킨을 의자 위에 놓고 자리를 뜬다. 냅킨을 식탁 위에 놓아두면 식사가 끝났다는 신호이기 때문에 웨이터가 접시를 가져 갈 수 있다.

5) 좌석 배치 예시

⑴ 주빈이 없는 남자만의 연회

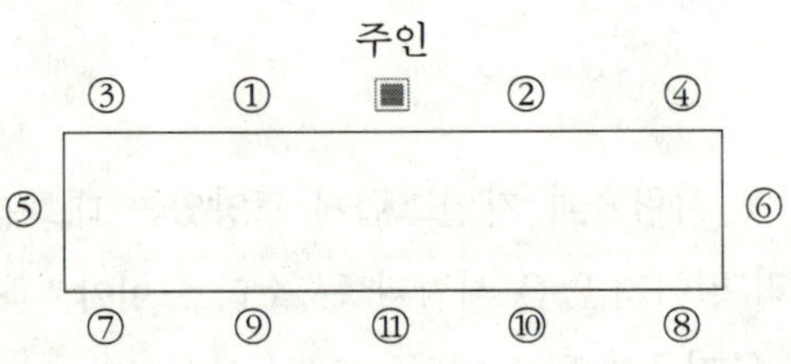

주빈이 없는 소규모 파티에서는 주인이 식탁 머리에 앉고 하위자는 식탁 끝에 앉는다.

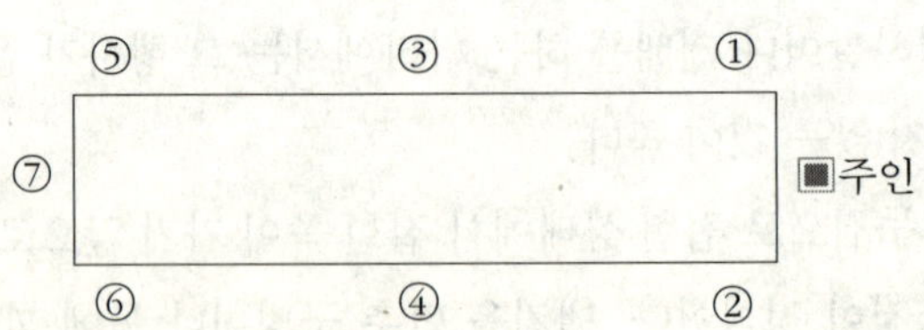

(2) 주빈 있는 남자만의 연회

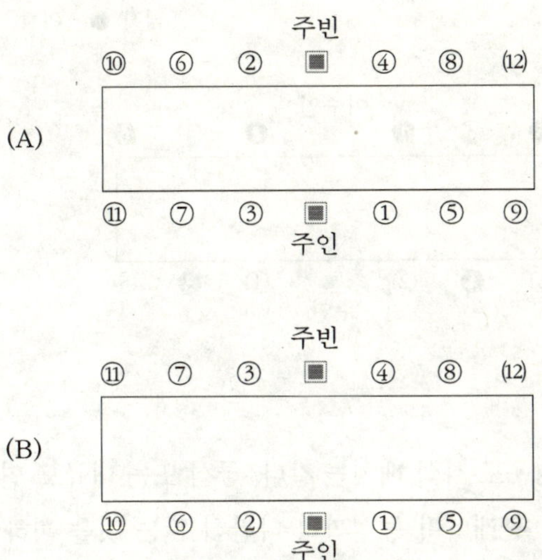

대규모 만찬에서는 식탁의 균형상 주빈을 두는 것이 좋은데 이 경우
참석자 중 최선임자를 주빈으로 하는 것이 관례이다.

(3) 주빈 없는 부부동반 연회
① 영미식(英美式)

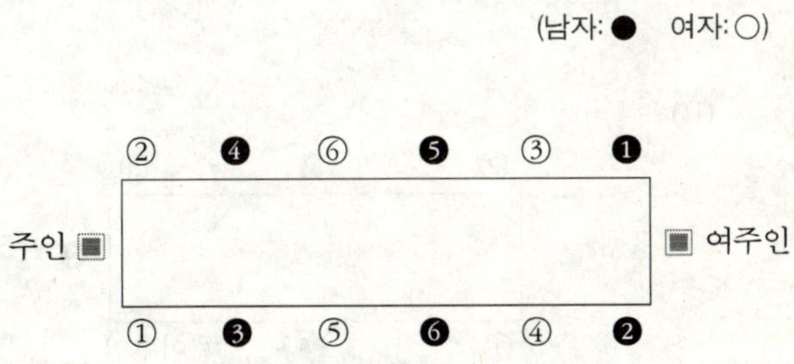

② 프랑스식

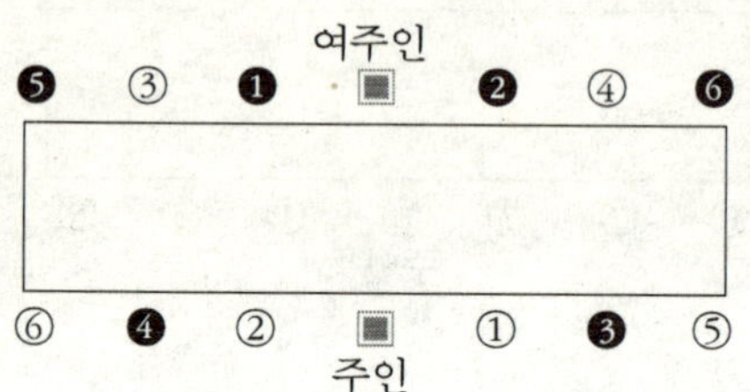

　　원형 식탁의 경우도 좌석 배치는 같다. 공식 또는 대규모 연회에 있어서는 프랑스식이 관례이며 동성끼리 나란히 앉는 것을 피하여 좌석을 배열한다. 예를 들어 8명일 경우는 다음과 같이 배열을 조정한다.

(A)

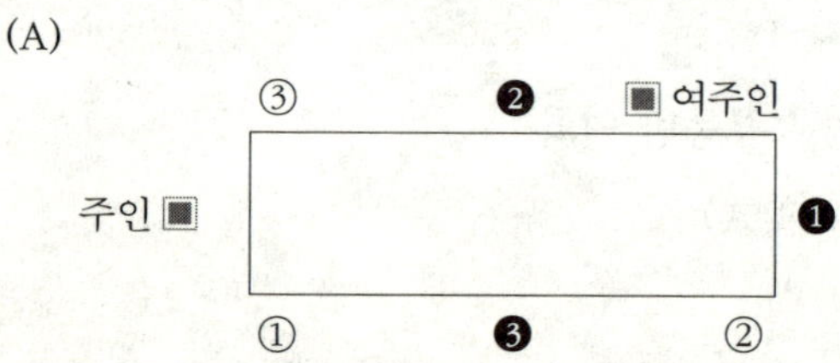

(B)

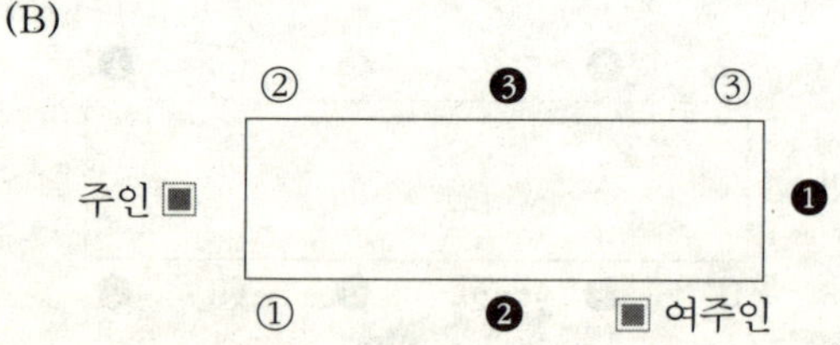

(4) 말굽 모양의 식탁(주빈이 없을 때)

(남자:● 여자:○)

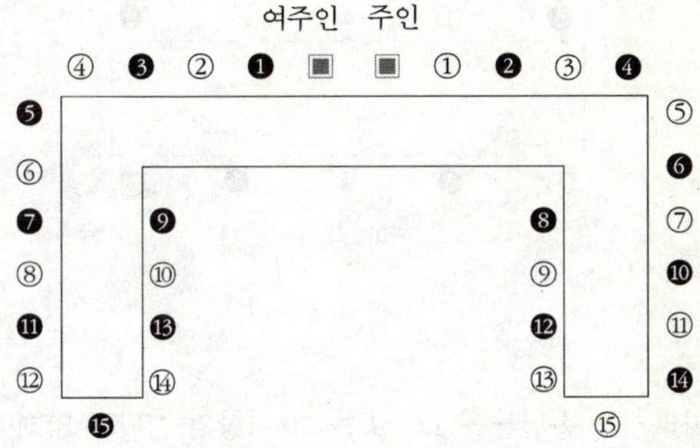

(5) 말굽 모양의 식탁(주빈이 있을 때)

(남자:● 여자:○)

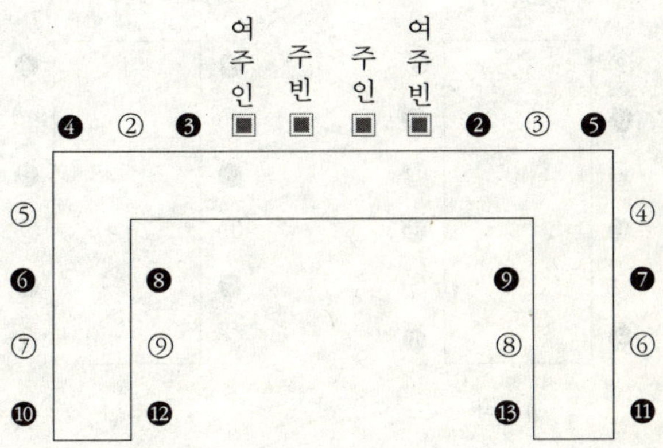

⑹ 주빈 있는 부부 동반의 연회시 주인은 3, 4의 편리한 자리에 앉으면 된다.

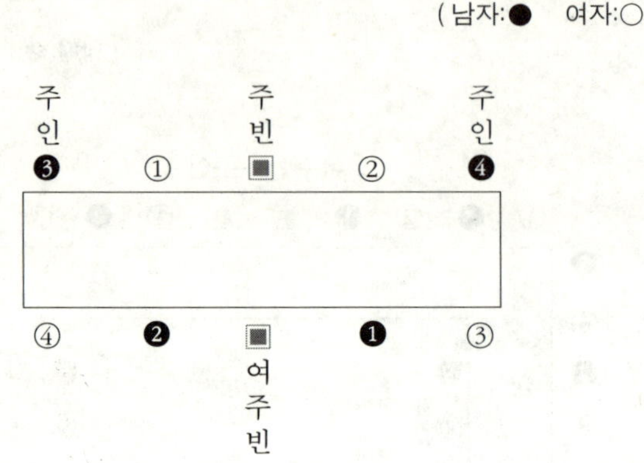

때에 따라서는 손님들을 2개 또는 그 이상의 식탁에 앉게 하여 접대하는 경우도 있다. 이렇게 할 때에는 주인과 여주인이 각각 공동여주인과 공동주인을 정할 수가 있어 우대하는 자리가 많이 생기는 이점이 있다. 주인은 3, 4의 편한 곳에 어디에나 앉을 수 있다.

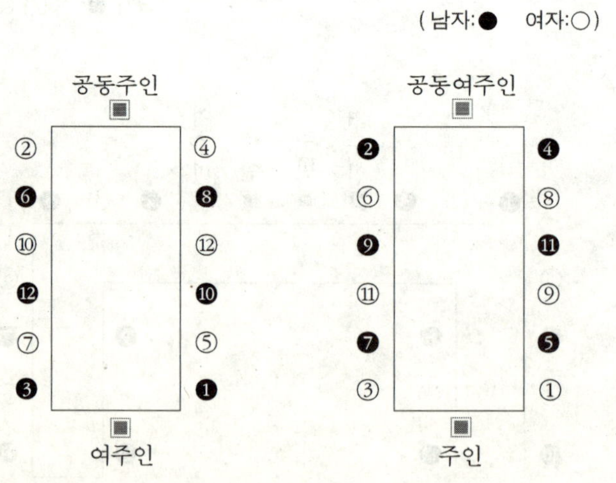

(7) 좌석 배치판

　좌석 배열이 끝나면 좌석 배치판은 내빈이 식탁에 앉기 전에 자기 좌석을 알 수 있도록 식당 입구 등 적당한 곳에 놓아 두고, 또 좌석 명패를 각자의 식탁 위에 두면 자연히 참석자를 소개한다는 뜻도 있지만 원래 목적은 각자의 자리를 쉽게 찾기 위해서이다. 좌석의 명패는 높이 1.5인치, 길이 2인치 정도로 접시 위에 놓는 것이 정식이다.

3장
국민의례

Ⅰ. 기독교인은 곧 국가의 주인이다

'국민의례'란 그 나라 국민이 자신의 나라에 갖추어야 할 예의범절로써 국민 스스로가 당연히 조국의 무한한 영광과 충성을 다짐하여 온 국민이 한마음으로 일체감을 조성하는 의식절차이다. 원래는 국민의례시 국기에 대한 경례 때 절을 하던 것을 순교하신 손양원 목사님께서 이승만 대통령에게 교인이 십계명 중 제 2계명을 어길 수 없으니 절을 하는 대신 좌측 가슴에 오른손을 얹어 경의를 표하도록 건의하여 이루어졌다. '칼빈'은 교회와 국가가 서로 간섭할 수 없는 영역을 가지고 있음을 인정했듯이 교회와 국가는 하나님으로부터 자체의 권위를 부여받은 존재들이다. 그러므로 성도들은 세상의 질서에 순응하되 하나님 나라의 건설에 앞장서야 한다.

우리 기독교인들은 국경일 예배시 교독문(68번: 국가 기념주일, 69번: 3·1절, 70번: 광복절)을 낭독하고 예배 마지막 폐회시는 전원 일어서서 애국가를 4절까지 부르고 목사님의 축도로 폐회함이 바람직하다.

서울 시내의 대학생 447명에게 설문조사를 한 바에 따르면, 애국가를 4절까지 모르는 학생이 45.9퍼센트이고 태극기를 못 그리는 학생이 29.1퍼센트가 된다고 한다. 어떤 외국 사람들이 우리 나라 국기 강하식(降下式)때 온국민이 애국가의 반주에 맞추어 길 가던 사람은 물론이고 농촌의 아낙네도, 데모하던 학생과 경찰관도 투석전을 잠시 멈추고 있다가 애국가가 끝난 후에 다시 시작하는 것을 보고 앞으로 무한히 발전할 수 있는 나라라고 하였다고 한다.

국기 강하식은 잠시라도 온 국민이 나라를 생각하는 마음을 가질 수 있는 시간이었는데 요즘의 국기 계양 및 강하 시각은 24시간 내내 게양할 수 있고 학교 및 군부대의 교육적인 효과를 고려하여 낮에만 게양할 수 있도록 96년 12월 27일에 대통령 제15182호로 개정되어 온 국민이 참여할 수 있는 국기 강하식이 사라진 것이 안타깝다.

Ⅱ. 국기 게양 방법

1. 경축일 및 평일의 게양 방법은 아래 그림과 같이 깃봉과 깃면의 사이를 떼지 않는다.

2. 조의를 표하는 현충일, 국장기간, 국민장일 등의 날에는 아래 그림과 같이 깃봉과 깃면 사이를 깃면 너비만큼 내려 단다.

3. 경축행사 등의 경우에 국기 깃면을 늘여서 다는 방법은 아래 그림과 같이 깃면 길이의 흰 부분만을 길게 하여 이괘(離卦)가 왼쪽으로 오도록 한다.

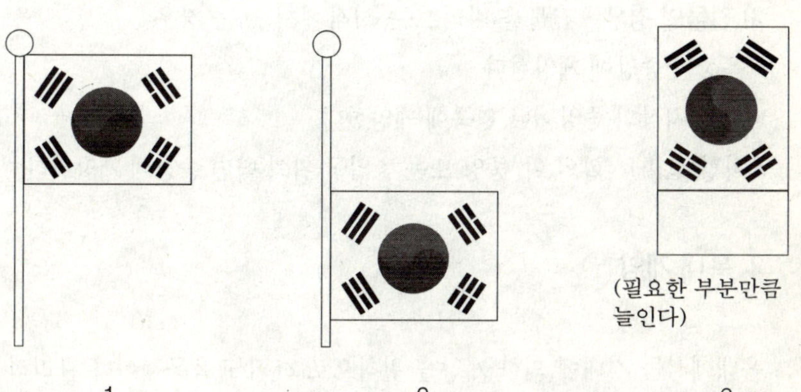

1. 옥외 게양

1) 일반 가정의 경우
■ 단독주택 — 대문을 바라보는 시각에서 대문의 중앙 또는 왼쪽에
　　　　　게양한다.
■ 공동주택 — 공동주택을 바라보는 시각에서 앞쪽 베란다의 중앙
　　　　　또는 왼쪽에 게양한다.

2) 건물의 경우 — 건물을 바라보는 시각에서 보는 경우
■ 옥상의 중앙에 게양한다.
■ 전면 지상의 중앙이나 왼쪽에 게양한다.
■ 차양(遮陽)시설의 위, 중앙 또는 출입구 위의 벽면 중앙에 게양한다.

2. 옥내 게양

옥내에서는 깃대에 의한 게양을 원칙으로 하되 교육목적이나 관리적
인 측면 또는 옥내 여건 등을 감안하여 필요하다고 판단될 때에는 깃면

만을 벽면에 게시할 수 있다.

- 사무실 등에서의 실내 게양용 및 탁상용 기(旗)는 내부 정면을 바라
  보는 시각에서 왼쪽에 게양한다.
- 회의장, 강당 등에서는 건물의 전면에서 보아 왼쪽에 게양한다.
- 차량에는 차량의 전면에서 보아 왼쪽에 국기를 게양한다.
- 건물 또는 차량의 구조 등으로 인하여 부득이한 경우에는 위치를 조
  정할 수 있다.

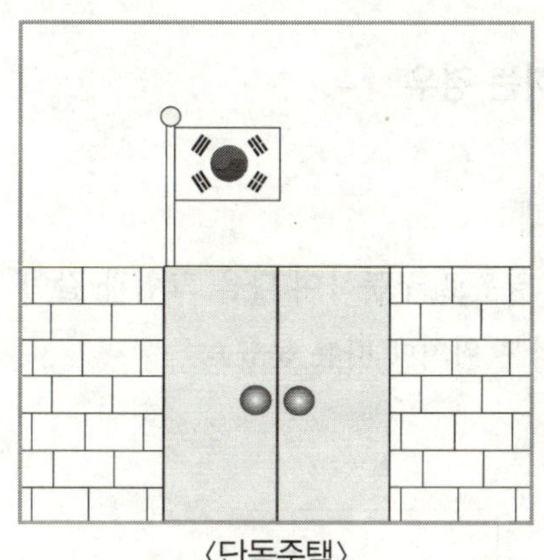

〈단독주택〉

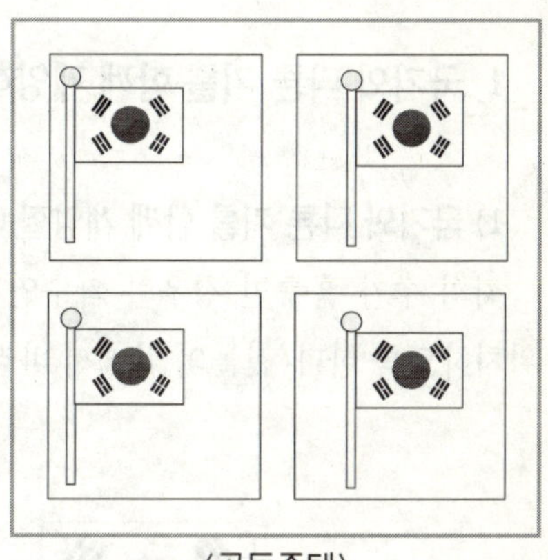

〈공동주택〉

〈실내 게양용〉

〈옥상의 중앙이나 전면 지상의
중앙이나 왼쪽에 게양한다〉

1. 국기와 다른 기를 함께 게양하는 경우

1) 국기와 다른 기를 함께 게양할 때

기의 수가 홀수인 경우와 짝수인 경우로 구분하여 다음 그림과 같이 위치하도록 한다(건물의 밖에서 바라본 위치에 따른 분류).

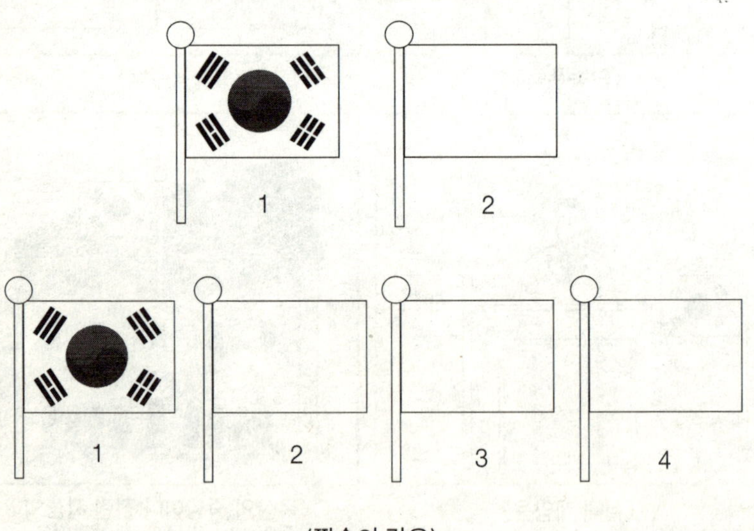

〈짝수인 경우〉

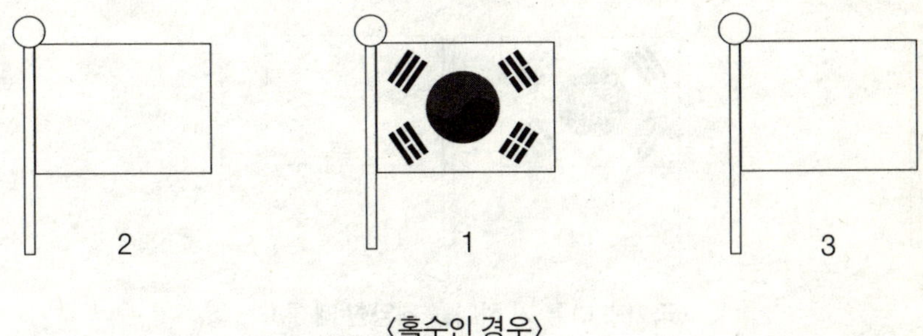

〈홀수인 경우〉

2) 게양대 수만큼 게양하지 않을 경우
(건물의 밖에서 바라본 위치에 따른 분류)

〈국기만 게양할 때〉

〈국기와 다른 기 하나를 게양할 때 ①〉

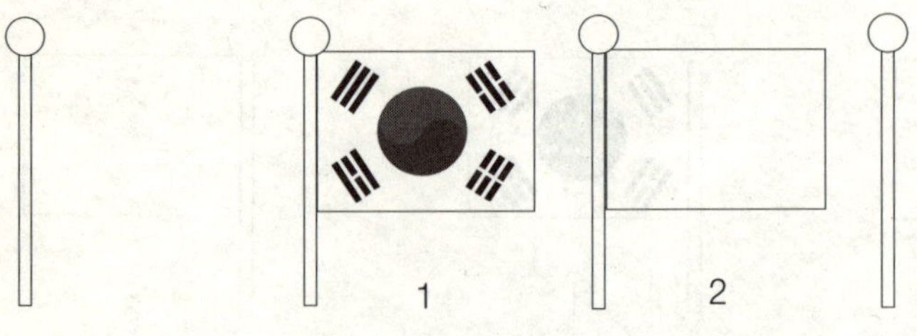

〈국기와 다른 기 하나를 게양할 때 ②〉

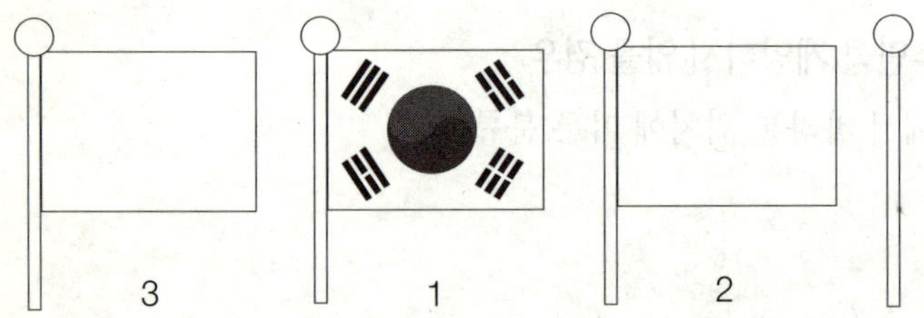

〈국기와 다른 기 둘을 게양할 때〉

　태극기와 외국기를 교차시켜 게양하는 방법은 아래 그림과 같이 밖에서 보아 태극기의 깃면이 왼쪽에 오도록 하고, 태극기의 깃대가 외국기의 깃대 앞쪽으로 오도록 한다.

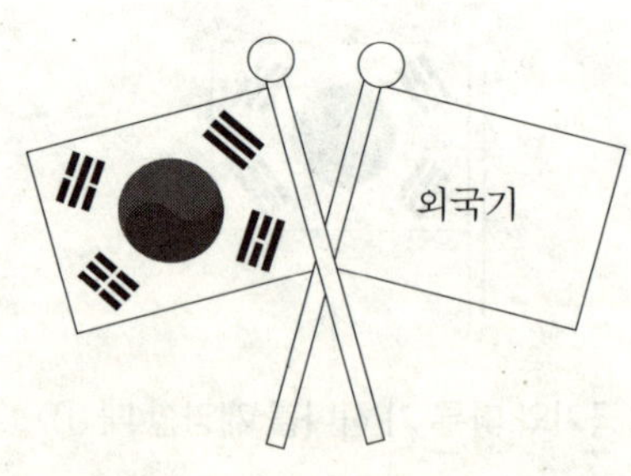

4장
생활예절

1. 온전한 마음

사람은 사회의 구성원이기 때문에 혼자 살지 못하고 이웃과 어울려 공동질서 속에서 살게 된다. 사람과 사람끼리 어울려 살려면 먼저 자신(나)이 사람다워져야 한다.

예수님께서 말씀하시기를 "나는 너희에게 이르노니 악한 자를 대적지 말라 누구든지 네 오른편 뺨을 치거든 왼편도 돌려 대며 또 너를 송사하여 속옷을 가지고자 하는 자에게 겉옷까지도 가지게 하며 또 누구든지 너로 억지로 오 리를 가게 하거든 그 사람과 십 리를 동행하고 네게 구하는 자에게 주며 네게 꾸고자 하는 자에게 거절하지 말라 또 네 이웃을 사랑하고 네 원수를 미워하라 하였다는 것을 너희가 들었으나 나는 너희에게 이르노니 너희 원수를 사랑하며 너희를 핍박하는 자를 위하여 기도하라… 또 너희가 너희 형제에게만 문안하면 남보다 더하는 것이 무엇이냐 이방인들도 이같이 아니하느냐 그러므로 하늘에 계신 너희 아버지의 온전하심과 같이 너희도 온전하라(마 5:39~48)." 온전한 마음을 가지고 자기 마음을 다스릴 수 있을 때 하나님의 사랑 안에서 순수한 예절이 우러나오게 된다.

2. 표정

온전한 마음가짐이 얼굴에 나타나는 것을 '표정'이라 하고, 이러한 표정을 마음의 창(窓)이며 심성(心性)의 분화구라고도 한다. 흔히 말하기를 40대의 얼굴은 그 사람이 살아온 과정을 말하니 그 사람을 알려면 표정을 보라는 말이 있다.

예수님께서도 거짓 선지자들을 삼가라고 말씀하시기를 "양의 옷을 입고 너희에게 나아오나 속에는 노략질하는 이리라 그의 열매로 그들을 알지니 가시나무에서 포도를, 또는 엉겅퀴에서 무화과를 따겠느냐 이와 같이 좋은 나무마다 아름다운 열매를 맺고 못된 나무가 나쁜 열매를 맺나니 좋은 나무가 나쁜 열매를 맺을 수 없고 못된 나무가 아름다운 열매를 맺을 수 없느니라 아름다운 열매를 맺지 아니하는 나무마다 찍혀 불에 던지우느니라 이러므로 그의 열매로 그들을 알리라(마 7:15~20)"고 말씀하셨다. 그러므로 우리 기독교인들의 마음가짐과 표정은 믿지 않는 사람들이 읽을 수 있는 유일한 성경책이다. 이렇듯 믿지 않는 사람들은 기독교인의 항상 맑고 밝은 표정과 행함을 보고 교회에 다니고 싶은 마음을 가지기도 한다.

3. 살아가는 마음가짐

1) 생활 주변의 작은 것에서 찾자

기독교인은 혼자 생활하는 것이 아니고 다른 사람들과 의사소통을 통해 생활한다. 거기에는 서로가 지켜야 할 최소한의 규범이 있기 마련이고 이 규범은 반드시 지켜야 되는 것이다. 그렇기 때문에 예수님께서는 나를 따르려거든 모든 것을 버리고 넓고 평탄한 길이 아닌 좁은 길로 따라 오라고(마 7:13-14) 하셨다.

또 하나님께서는 모세를 통해 시내산에서 하나님의 자녀들이 지킬 십계명을 주셨다(출 20:1-17). 우리 인간들은 그것도 잘 지키지 못하면서 기독교인의 가정훈장과 남편과 아내의 십계명을 만들어 인간의 잘못된 행실을 바로 잡아보려고 안간힘을 쓰고 있다. 문제는 기독교인들이 가까운 곳에서도 얼마든지 실천할 수 있는 일이 많은데 실행치 못하고 있는 것이 안타깝다는 것이다.

우리가 매일 이용하는 버스를 타고 내릴 때 운전기사가 "어서오십시오"하고 인사하면 응답하는 사람이 10명 중 2명 밖에는 안 된다고 한다. 우리의 인사 문화가 성숙하지 않기 때문에 그런지는 모르겠지만 기독교인만이라도 "수고하십니다", "태워주셔서 감사합니다"라고 인사를 한다면 얼마나 좋은가. 내 생명을 책임진 운전기사에게 왜 이런 말에 인색한지 모르겠다. 앞으로는 "감사합니다", "고맙습니다"의 말을 생활화했으면 한다. 또 집에서 음식을 배달해 먹은 후 빈그릇을 그냥 문 밖에 내놓을 것이 아니라 깨끗이 닦은 다음 교회에서 준비한 전도지 한장을 올려 놓으면 얼마나 아름다울까?

초등학교 학생을 둔 학부모가 자녀의 담임 선생님을 찾아가 상담한 후에 지도를 잘 부탁한다는 의미로 책 속에 촌지를 넣어 전했더니 그 선생은 웃으며 거절도 안하고 잘 읽겠노라고 받아서 이 학부모는 '그러면 그렇지' 하고 집에 돌아왔는데 학생을 통해서 편지를 보내왔단다. 봉투 안에는 "주신 책은 잘 읽고 촌지는 돌려드립니다. 대신 제가 다니는 교회 주보인데 참고하시고 학생을 주일학교에 보내시어 인성교육과 영성교육을 어렸을 때부터 시킬 것을 간곡히 부탁드립니다"는 내용의 편지가 들어 있었단다. 잠시나마 선생님을 오해했던 자신이 부끄러워 선생님에게 속죄하는 마음으로 신문에 투고하였다는 기사를 읽고 이런 분들 덕분에 우리의 사회 질서가 유지되고 교회가 성장한다는 사실을 깨닫게 되었다.

2) 떳떳한 신앙생활

직장기독교 신우회 조직을 위해 인사기록카드 종교란을 보고 작성한 명단을 가지고 당사자를 방문하여 어느 교회에 나가냐고 물으면 "집사람 아니면 애들만 교회에 나가고 나는 안 나가"라고 하던 사람이 새로 부임한 기관장이 취임 예배를 드린다고 하니 교회에 안 나간다던 사람까지도 다 나와서 예배를 드렸다. 그분들이 왜 교회에 안 나간다고 했을까? 자기의 평소생활이 하나님을 믿는 성도로서 덕이 되지 못했기 때문이라고 생각이 된다. 주일날이나 성경을 몸에 지녔을 때만 교인이 되어서는 안 된다. 세상 사람들과 같이 즐기는 것 다 즐기고 먹고 싶은 것 다 먹고, 하고 싶은 것 다 하고서는 떳떳하게 신앙생활을 할 수가 없다. 이러한 행동은 양의 탈을 쓴 늑대와 무엇이 다르겠는가. 그렇기 때문에 예수님께서는 "좁은 문으로 들어가라 멸망으로 인도하는 문은 크고 그 길이 넓어 그리로 들어가는 자가 많고 생명으로 인도하는 문은 좁고 길이 협착하여 찾는 이가 적음이니라(마 7:13)"고 말씀하셨다.

Ⅱ. 예절의 기본개념

1. 예절의 기본 요소 — 용모, 표정, 태도, 말씨, 인사

2. 예절의 필요성

1) 원만한 인간관계

우리는 생활함에 있어 독불장군식으로 혼자서 살 수 없고 이웃과 어울려 살아야 한다. 대인 관계가 원만하기 위하여 상대방의 입장에서 모든 것을 생각하면(易之思之) 오해와 미움이 없어지기 때문에 그 사람을 대할 때에는 마음이 편해지면서 믿음이 가게 되고, 같은 입장이라면 한번 친해지고 싶은 충동을 느끼게 된다. 이웃에게 동정이나 무시가 아닌 사랑의 마음을 가지고 대할 때 "역시 예수 믿는 사람은 어딘가 달라" 하며 진실한 믿음을 갖게 된다.

2) 호감있는 이미지 형성

사람들이 전하고자 하는 내용을 바디 랭귀지(body language) 즉, 신체의 언어를 통해 알아차리는 경우가 55퍼센트가 된다고 하니 표정관리가 매우 중요하다 하겠다. 그리고 말하는 어투를 통해서 알아차리는 경우

는 38퍼센트를 차지한다고 한다. 예를 들어 어린이에게 동화책을 읽어 줄 때 억양의 변화없이 밋밋한 소리로 읽어 주면 "그만해라" 하면서 좀 더 실감나게 읽어 달라는 것과 같다. 즉 목소리에 높낮이를 줌으로써 상 대에게 전하려는 것에 대해 신경을 쓰고 있다는 인상을 주어야 한다.

실제로 말 속의 단어를 통해서 알아차리는 경우는 단지 7퍼센트에 불 과하지만 이것 또한 매우 중요하다. 대화시 유식하다는 것을 나타내기 위해 어려운 단어를 사용하는 것은 본인의 지식 자랑밖에는 안 된다. 어 느 광산촌에 대학총장이 와서 강의하니 전원 참석하도록 했다. 광부들 은 대학총장 강의를 어떻게 알아 들을 수 있냐고 불평하며 모였는데 강 의가 끝난 후 광부들은 "무슨 대학총장이 저래? 강의 내용을 우리같은 사람도 다 알아들을 수 있잖아" 하고 말했다. 이 말은 공부를 많이 한 사 람이니까 문자를 써가며 유식하게 강의할 줄 알았는데 눈높이를 맞춰서 강의했기 때문에 성공한 것이다. 이처럼 대화는 어려운 단어를 피하고 상대가 이해할 수 있는 말로 진실되게 전해야 된다고 생각한다.

3) 좋은 첫인상

그 사람을 알려면 표정을 보라고 했다. 그만큼 첫인상은 대인관계에 있어서 자기를 나타내는 첫단계이기 때문에 가장 짧은 시간에 가장 적 절하게 자신을 소개하는 방법을 연구하여 연습해 두었다가 처음 만나 인사를 나눌 때 그때 그때 환경에 따라서 사용한다. 정문의 경비원이나 청소원에게는 물론, 한 번 인사한 사람의 이름을 기억하기는 그리 쉽지 않지만 필히 노력해서 알아두었다가 두 번째 만났을 때는 이름을 기억 하여 사용하면 자기에게 관심을 보여 준 데 대하여 감사하게 생각하고 믿음을 갖게 되기 때문이다.

한 예로 어느 성직자가 여행 중에 걸인이 구걸할 때 마침 수중에 지닌

　돈이 없어 미안한 마음에 걸인의 손을 잡고 "가진 돈이 없어 미안하다"고 하니 그 걸인이 성직자 손등 위에 눈물을 떨구며 하는 말이 "많은 사람들이 나에게 돈은 주었지만 지금까지 손을 잡아 준 분은 선생님이 처음이오"라며 눈물을 흘리며 감격했다고 한다. 이런 진실의 순간은 영원히 기억할 수 있기 때문에 첫인상이 중요하다고 하겠다.

　샤무렐 테일러 콜리치는 "위인과 만나거든 너의 좋은 인상을 남기도록 하되 소인과 만나거든 그 사람의 좋은 인상만을 남기도록 하라"고 충고하고 있다.

Ⅲ. 기본 예절

1. 용모와 복장

이렇게 입으면 당신도 멋지게 될 수 있다. 청결하고 단정한 당신의 모습은 상대방으로 하여금 좋은 인상을 심어 준다.

▶ 남자
- 어깨선이 울퉁불퉁하지 않을 것.
- V-Zone이 곡선을 그릴 것.
- 드레스셔츠 소매가 0.5㎝나올 것.
- 주름이 발 중앙에 올 것.

▶ 여자
- 치마와 저고리는 같은 천을 사용해서 단색으로 한다.
- 치마는 길이가 긴 것이 정식이고, 품위가 있어 보인다.
- 어깨선부터 부드럽게 흐르는 곡선 형태를 살려서 입는다.
- 좌·우의 동정의 끝을 잘 맞추고 옷고름을 단정하게 매야 보기에도 예쁘다.
- 고무신과 버선을 신는 것이 격식에 맞는다.

1) 단정한 복장과 몸가짐

인간에게는 의식주(衣食住)가 필수 요건이다. 그 중에서도 의복은 체온을 보존하는 역할을 한다. 아담과 하와가 하나님의 명령을 거역하여 선악과를 따먹은 다음 눈이 밝아 자기들의 몸이 벗은 줄 알고 무화과 나뭇잎을 엮어 부끄러운 곳을 가린 것이 최초의 옷이다(창 3:7). 그들이 중심부를 가린 것을 보시고 여호와 하나님이 아담과 그 아내를 위하여 가죽옷을 지어 입히셨다(창 3:21). 특히 최초로 복장의 실수로 영원히 부끄러움을 남긴 사람이 있으니 그가 바로 노아이다(창 9:21).

노아가 포도주를 마시고 취하여 그 장막 안에서 벌거벗은 것을 노아의 셋째 아들 함이 보고 형 셈과 야벳에게 고함으로 인하여 함의 아들 가나안은 그 형제의 종의 종들이 되도록 아브라함으로부터 저주를 받았을 뿐만 아니라, 노아의 한 번의 실수를 수천 년이 지난 현재도 수십억이 되는 사람이 성경을 통해 읽고 있는 것처럼 복장과 몸가짐은 모든 행동의 기본이며 교양의 척도인 것이다.

'옷이 날개다'라는 말이 있듯이 단정하고 우아한 몸가짐을 한 사람은 인품이 더욱 돋보이고 어떠한 상황에서도 여유가 생긴다. 청결한 몸가짐은 모든 사람으로부터 호감을 받을 수 있다.

(1) 신사복

신사복은 윗저고리와 바지, 조끼까지 한 벌이 된 신사복을 말한다. 18세기 말에 기원을 두는 이 양복은 동서를 막론하고 세계의 어느 곳에 가든지 남성들이 보편적으로 입는 평상복이 되어 있다.

지금 우리가 입는 것과 같은 신사복의 스타일과 형태는 1930년대에 와서 정착된 것인데 양복의 조끼는 맨 아래 단추 하나를 끼지 않는 것이 영미의 풍습이다. 최근에는 조끼를 입지 않을 때 윗저고리의 단추 중 하나는 반드시 끼우는 것이 정식이다. 그리고 멜빵보다는 혁대를 매는 것이 좋다.

신사복이란 원래 업무용 복장이지만 현재와 같이 바쁜 세상에서는 일상 업무나 여행은 물론 방문, 오찬, 다과회, 만찬, 혼인예식, 상가 등에도 보통 평복으로 입어도 괜찮은 것처럼 변해가고 있다. 신사복은 여성복이 화려한 데 비하여 기능적인 면이 중시되고 넓은 어깨와 늠름한 가슴의 볼륨을 살리고 강인하고 직선적인 단순함 속에 우아한 멋을 풍기게 하는 것이 그 특징이다. 신사복의 색깔은 최근 평복을 밤 파티에 그대로 입는 경우가 많아지고 있어, 흑색 계통이나 진한 감색, 또는 진한 회색을 기초로 한 것을 택하는 것이 실용적인데, 특히 한국 사람에게는 이런 계통의 양복이 잘 어울린다.

구두는 가죽이면 갈색이든 흑색이든 모두 좋다. 흑색구두는 감색이나 다색 또는 회색 양복과 맞고, 다색 구두는 다색이나 베이지색 또는 회색 양복과 잘 어울린다 그러나 감색 계통의 양복에 다색 구두는 안 어울리기 때문에 피하는 것이 좋다.

양말은 명주 또는 무명의 무늬가 없는 것이 좋고 무늬가 요란하거나 색이 여러 가지 섞인 것은 피하는 것이 바람직하며, 시내에서는 특히 흑색 단화에 흰 양말은 신지 않는다.

여기서 잠깐!

자켓 (JacKet) 이야기

자켓 (JacKet)을 "콤비"라고 부르는데 이것은 'Combination'에서 온 말로 상의와 하의가 다른 것을 조합해서 입는다는 뜻이긴 하지만 일본식 말이다. 복식용어나 영어에는 "콤비"라는 말이 없다.

자켓의 기원은 빅토리아시대 영국의 노폴크공작이 수렵복으로 즐겨 입었던 노폴트자켓에서 비롯되었다. 자켓은 정장이 아니며 슈트 (Suit)보다는 다소 화려한 색상과 패턴으로 만들어져, 착용하는 사람이 좀더 여유있고 자유로운 느낌을 느낄 수 있기 때문에 '주말의 옷차림'이라 하겠다.

체형에 따른 자켓과 바지의 매칭

■ 상체가 작은 사람: 가볍고 밝은색의 바지에 차분한 칼라나 바둑판 무늬를 입는다.

■ 키가 큰 사람: 바지는 어떤색도 무난하나, 너무 진한색의 자켓은 피한다.

■ 키가 작은 사람: 자켓과 바지의 색을 다르게 하여 하체를 길어 보이도록 한다.

색상별 자켓의 느낌과 바지 매칭
■ 회색: 매칭범위가 넓다. 자켓과 색의 농도차이가 있는 회색 계통,
　　　　파란색 계통, 갈색 계통이 잘 어울린다.
■ 감색: 감색 자켓은 가장 기본적인 것으로 회색바지가 전통적인 매
　　　　칭이 최근에는 베이지 색이나 흰색도 매칭한다.
■ 브라운색: 브라운 계통의 칼라는 동일 계통의 칼라와 매칭하는 것
　　　　이 기본이다.
■ 와인색: 베이지, 회색 계통의 색상을 맞춰 입으면 보다 단정하고
　　　　정리된 느낌을 준다.

체형에 따른 자켓의 칼라의 매칭
■ 비만형 : 체형의 균형을 위한 어두운 색(감색, 회색, 검은색)
■ 왜소형 : 팽창색 계통의 밝은 색(브라운, 베이지 등)

넥타이
넥타이는 비슷한 슈트와 드레스 셔츠를 입고 있는 직장인의 이미지
를 가장 잘 전달하기 쉬운 것으로 개성표현의 절대적인 도구라 할
수 있다. 타이를 고를 때는 슈트의 색상을 기본으로 보고, 같은 계
열의 색(긍정적인 느낌)이나 대비되는 색(진취적인 느낌)을 고른
다. 무늬가 요란한 것일 때는 타이의 바탕색이나 무늬 중에서 한가
지는 슈트의 색과 같은 계열의 색을 고른다.
자신이 없는 초보자는 전통적인 무늬(점, 줄, 페이즐리, 크레스트)
중에서 작은 무늬를 고른다.

타이의 색상
■ 양복과의 보색관계를 응용한 대조를 이루도록 한다.
예) 회색 양복과 자주 넥타이

■ 비슷한 계열의 색상으로 조화시킨다.

예) 갈색 양복과 황갈색 타이

■ 대조와 조화를 적절히 혼합하여 악센트를 주는 것도 좋다.

예) 그린색 양복과 짙은 녹색 타이

넥타이의 종류 및 패턴

■ 레지멘틀: 보통 2～3색을 이용한 넥타이로 영국 연대기의 줄무늬를 디자인한 것.

■ 스트라이프: 군기의 모습을 딴 것으로 일반적으로 가장 많이 착용.

■ 로열크레스트: 타이 가운데에 스트라이프가 들어가는 것.

■ 크레스트: 타이 가운데에 문양이 들어가는 것. 일명 '클럽타이'.

■ 플랫: 작은 무늬.

■ 물방울(도트): 크기에 따라서 완전히 개성의 차이를 보임.

■ 페이즐리: 아메바 무늬라고도 하는 다채롭고 복잡한 무늬.

■ 무지(솔리드): 단색의 넥타이로 주로 공식석상에 어울림.

에티켓이란?

에티켓이란 프랑스어로서, 여러 사람에게 알리기 위해 붙인 팻말이라는 이야기가 있다. 에티켓이 현재와 같은 의미가 된 것은, 베르사이유 궁전의 팻말에서 유래된다. 궁전의 화원에 있는 팻말에는 "화원을 훼손시키지 맙시다"라고 쓰여 있었는데 그것이 뜻이 변해서 "마음의 꽃밭을 훼손시키지 맙시다"라는 의미가 되었고, 나아가서 "상대방의 마음에 상처를 주지 않도록"이라는 뜻으로 변했다.

따라서 에티켓이란, 단순히 형식적인 예의범절만을 말하는 것이 아니라, 상대방의 인격이나 입장을 존중하여, 그 마음을 손상하지 않도록 하는 배려와 아량이라고 할 수 있다.

예에 대하여

■ 예절의 근본 정신은 이웃을 중시하는 마음씨다. 그러므로 예수님은 남에게 대접을 받고자 하는 대로 남을 대접하라고 하셨다(마태복음 7:12).

■ 예가 아니거든 보지 말며, 예가 아니거든 말하지 말며, 예가 아니거든 움직이지 말라(공자).

■ 예의는 자기 자신을 비추는 거울이다(괴테).

■ 예는 생명의 근본인 하늘과 땅을 섬기는 것이다(순자).

■ 자기에게 이해관계가 있을 때만 남에게 친절하고 어질게 대하지 말라. 지혜있는 사람은 이해관계를 떠나서 누구에게나 친절하고 누구에게나 어진 마음으로 대한다. 왜냐하면 어진 마음 자체가 나에게 따스한 체온이 되기 때문이다(파스칼).

(2) 숙녀복

　복장을 선택하는 데 있어서 무엇보다도 자신의 몸에 잘 맞고 또 나이에 어울리는 우아한 빛깔에 중점을 두고, 언제나 품위가 있고 고상하면서도 세련되게 자신과 우리 고유의 멋과 미(美)를 살리면서 유행에도 뒤떨어지지 않는 옷을 입는 것이 좋다.

　부인들이 옷을 입는 경우에 대해서 알아두면 편하고 편리한 법칙이 있는데, 그것은 입고자 하는 옷이 애매하고 의심스러울 때는 더 수수한 드레스를 입으라는 것이다. 부인복의 슈트는 일반적으로 스커트와 자켓 또는 블라우스를 합친 한 벌을 말하나 원래 '슈트' 란 상하 모두 동일한 옷감으로 양복점에서 맞추어 엄격한 느낌을 주는 것을 말한다. 저고리와 스커트의 옷감이 같은 것은 '투피스' 라 하고, 저고리와 스커트의 옷감이 다른 것은 '세퍼레이츠(Separates)' 라고 한다. 슈트는 깨끗하고 산뜻한 기분이 나고 비교적 활동적이어서 시내복(市內服), 통근복, 여행복으로 많이 입는다.

　한국 여성에게는 '치마 저고리' 라는 전통적인 한복이 있는데, 치마 저고리는 깨끗한 동정과 어깨에서부터 부드럽게 흐르는 우아한 곡선 소매와 폭포처럼 떨어지는 치마의 선 등 다른 나라 옷에서는 찾아볼 수 없는 한복 고유의 매력을 갖고 있다. 한복은 여인의 곡선미를 부드럽고 흐르는 듯이 그리고 품위있게 표현해낸 것으로 동양미(東洋美)의 표현으로 세계에 자랑할 만하다. 이와 같이 우리에게 품위있는 고유의 한복이 있는 이상 한국 부인들은 사교활동에 있어서 신경을 쓸 필요는 없다고 생각한다.

　사교복으로서의 한복은 치마 저고리는 같은 천을 써 단색으로 만들고 저고리는 고름을 달고 치마는 긴 것이 정식이고 품위가 있다. 고름 대신에 단추나 브로우치 등을 달아도 좋으나 비공식적인 느낌을 준다. 예전에는 옷고름을 남편이 있는 여자만 달았고 소매의 끝동은 자식이 있는 여자만 달았다는 말이 있으나 요즈음에는 이런 신분 표시는 사라졌다.

한복을 입을 때는 좌우 동정의 끝을 잘 맞추고 옷고름을 단정하게 매야 예쁘다. 한복에는 고무신과 버선을 신는 것이 전통적이고 격식에 맞는다. 한국여성들은 한복이 가장 잘 어울릴 뿐만 아니라, 한복을 입었을 때 더 아름답게 보이고 맵시가 난다. 그러므로 신년 감사예배, 부활절, 성탄절 및 교회 중요 행사시에 특색있고 아름다운 한복을 입는 것을 습관화했으면 한다.

2) 성가대 가운의 의미

성가대 전체의 통일된 가운의 모습은 찬양은 하나님의 것이기 때문에 하나님께 찬양함이 마땅하다는 것을 의미한다(사 43:21). 성경에는 "이 백성을 내가 지었다. 이 백성을 통해서 내가 찬양을 받기 위해서 나의 찬송을 부르게 하려 함이니라"고 기록되어 있으며, 하나님께서는 찬송이 '나의 것' 이라고 말씀하시고 성경에서는 '찬양하라' 는 명령을 399번이나 하고 있다.

성경에 보면 성가대는 다윗왕 때 조직되었는데(대상 25:1~7), 30세 이상 익숙하게 훈련된 제사장 288명을 선발하여 3그룹으로 나누어서 여호와를 찬양하도록 하였다. 아삽은 찬양대장, 헤만은 관악대장, 여두둔은 현악대장으로서 오케스트라로 하나님을 찬양했다고 한다. 우리가 잘 아는 세계적인 음악가들은 단 한 사람도 불교, 유교, 회교, 불신자는 없고 모두 하나님께 찬양할 줄 아는 기독교인이다. 성도의 찬양은 모두 하나님의 것이기 때문에 찬양 중에 거하시고 능력을 나타내시는 하나님께 항상 감사로 찬양하는 생활이 되어야 하겠다.

3) 용모와 복장

용모, 복장 점검표 활용 - 여성용, 남성용

【여성용】

항 목	용 모 복 장
머 리	청결하고 손질은 되어 있는가? 일하기 쉬운 머리형인가? 앞머리가 눈을 가리지 않는가? 머리 액세서리가 너무 눈에 띄지 않는가?
화 장	청결하고 건강한 느낌을 주는가? 립스틱 색상은 어떠한가? 피부화장, 부분화장이 흐트러지지는 않았는가?
복 장	구겨지지는 않았는가? 얼룩진 곳은 없는가? 스커트의 단처리가 깔끔한가? 어깨에 비듬이나 머리카락이 붙어 있지 않는가? 성가대 가운 색깔은 예배 분위기에 어울리는가?
손	손톱의 길이는 적당한가? 손은 깨끗한가? 매니큐어가 너무 짙거나 벗겨져 있지 않은가?
스타킹	색상은 적당한가?
구 두	깨끗이 닦여져 있는가? 뒤축이 벗겨지거나 닳아 있지 않은가? 구겨 신지는 않았는가?
액세서리	방해가 되는 액세서리를 착용하지 않았는가?

【남성용】

항 목	용 모 복 장
머 리	앞머리는 눈을 가리지 않는가? 잠잔 것처럼 머리가 삐져 있지 않은가? 비듬은 없는가? 냄새는 나지 않는가?
얼 굴	수염, 코털이 길지는 않는가? 이는 깨끗하고 입냄새는 나지 않는가? 눈은 충혈되어 있지 않은가?
셔 츠	소매 부분이나 칼라 부분이 더럽지 않은가? 색상, 무늬는 적당한가? 다림질은 잘 되어 있는가? 흰색 셔츠에 색깔 있는 속옷을 입지는 않았는가?
넥타이	비뚤어져 있거나 풀어져 있지 않은가? 얼룩이나 구김은 없는가? 양복과 어울리는가? 길이는 적당하고 타이핀 위치는 적당한가?
상 의	색상이 너무 화려하지 않은가? 일어설 때 단추를 잠그는가? 주머니가 불룩할 정도로 많은 물건을 넣었는가?
바 지	다림질은 잘 되어 있고 무릎이 나오지 않았는가? 길이는 적당한가?
손	깨끗한가?
구 두	잘 닦여져 있는가? 색상이나 형태는 업무에 적당한가?
양 말	흰색 스포츠용 양말을 신고 있지 않은가?

2. 표정

1) 우리의 얼굴

나의 표정은 타인에게 다양한 심리 변화를 준다고 한다. 그래서 우리 나라에서는 흔히 나이 40세가 되면 '불혹(不惑)' 이라고 하여 사람의 됨 됨이를 그 얼굴에서 알 수 있다고 여겨왔다. 예스러운 마음을 가지면 말 과 행동이 예스럽고 그것을 '표정' 이라고 한다. 그렇기 때문에 표정을 '마음의 창(窓)' 이며 '심성(心性) 의 분화구' 라고도 한다.

성경에 지혜자와 같은 자 누구며 사리에 해석을 아는 자 누구냐 사람 의 지혜는 그 사람의 얼굴에 광채가 나게 하나니 그 얼굴에 사나운 것이 변한다(전8:1)고 하였다.

■ 미국 아이다호주 포카테로시에는 '남을 불쾌하게 하는 표정을 하고 있는 사람은 즉각 체포한다' 는 규범이 있다. 남을 불쾌하게 하는 표 정은 일종의 공해라는 개념으로 인식하고 있기 때문이다.

■ 프랑스 어머니들은 '너의 얼굴은 너를 위한게 아니다. 주위 사람을 행복하게 하기 위한 것이다' 라고 가르친다.

■ 플러스 알파 심리를 줄 수 있는 표정만들기는 상대방을 위한 것이라 기 보다는 자신을 위한 것이다.

2) 호감 주는 미소 짓기

사람이 친절하면 우선 좋은 인상을 주기 때문에 주위 사람으로부터 호감을 얻게 된다. 신바람 명강사인 Y대학 H교수는 지금의 표정 관리를 위해 거울 앞에서 '거울아 거울아' 하며 12년간 웃는 연습을 하였다고 한다. 지금껏 우리는 사진 촬영할 때 '하나, 둘, 셋' 하면 얼굴 표정이 굳 어지기 때운에 미소짓는 사진 촬영을 위해서 '김치' 라고 복창을 시킨 후에 촬영한다. 이것은 호감짓는 미소의 얼굴을 촬영하기 위한 것이다. 우리 속담에 '웃는 얼굴에 침 뱉을 수 없다' 는 말이 있는 것처럼 진정한 미소는 나의 재산인 동시에 타인에게는 믿음을 주게 된다.

3) 자기 표정 진단

그 사람을 알려면 표정을 보라고 했듯이 바로 표정은 대인 관계에 있어서 자기를 나타내는 첫 단계이기 때문에 나의 얼굴 표정이 타인에게 다양한 심리 변화를 주게 된다. 그러므로 표정을 보고 그 사람이 처한 환경을 알아차릴수 있듯이 하는 일이 잘 되어 가는 사람은 그 표정이 맑고 명랑하나 하는 일이 곤경에 처한 사람은 불평과 원망 속에서 생활하기 때문에 표정이 어두워 보여 제삼자에게 불쾌감을 주게 될 뿐 아니라 접근을 꺼리게 된다. 성경은 죽음을 앞에 놓은 순교자 스데반의 얼굴이 천사의 얼굴과 같다고 하였다(행6;15). 이와 같이 죽음 앞에서도 평화로운 모습을 보일 수 있는 자만이 성공할 수 있다고 하겠다.

4) 얼굴 근육 운동

근육을 풀어주면서 자연스러운 얼굴 표정을 만드는 운동으로써, 자기 혼자서 친철 매너를 훈련하는 법이다.

(1) 눈썹을 위아래로 움직여 보세요.

(2) 안구를 좌우로, 위아래로 굴리며 운동해 주세요.

(3) 볼이 가장 중요합니다. 바람을 잔뜩 불어넣은 상태에서 좌우, 위아래로 움직여 보세요.

(4) 입을 크고 정확하게 움직이면서 입을 크게 벌리거나 조그맣게 오므리기를 반복하는 것도 효과적입니다.

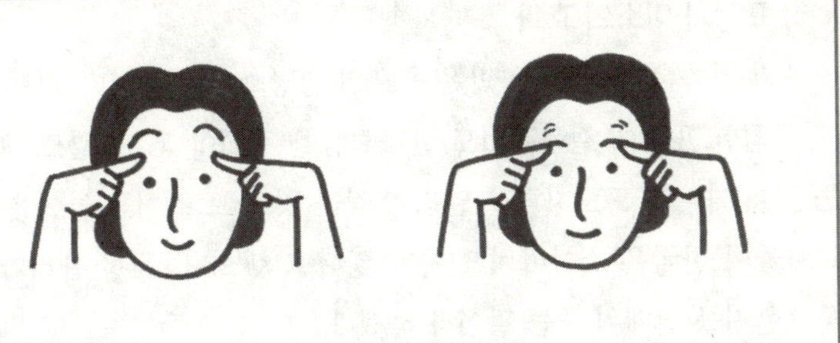

눈썹을 위아래로 움직여 본다.

입을 크게 벌리거나 조그맣게 오므리기를 반복하는 것도 효과적이다.

바람을 잔뜩 불어넣은 상태에서
좌우, 위아래로 움직인다.

안구를 좌우로, 위아래로 굴리며 운동한다.

5) 표정과 미소의 효과

우리 민족은 옛부터 '양반은 웃으면 경망스러워 보인다' 하여 웃지 않고 근엄한 표정에 걸음걸이도 팔자걸음을 걸어야 되고, 팔도 그냥 휘젓는 것이 아니라 도포자락을 날리며 걷는 것을 보고 처음 들어온 외국 선교사들이 한국은 소아마비 환자가 많다고 했으니, 표정 관리가 얼마나 중요한지를 일깨워 주는 말이라 하겠다.

필자가 이곳 저곳 강의를 다녀보면 웃음이 많은 그룹과 웃음을 억지로 참고 있는 그룹으로 나눌 수 있는데, 웃음이 적고 위엄스럽고 점잖게 앉아 있는 그룹은 지방 기관장이나 그 지방의 유지들이고, 감격스러운 말만 하면 '아멘' 하며 있는 그대로 웃는 그룹은 교회 성도들이다. 한 번 웃으면 5분 동안 운동한 양과 맞먹는 효과를 가져온다고 하니 항상 감사하며 미소를 잃지 않는 생활을 할 때 건강하고 행복한 생활이 유지된다.

6) 밝은 미소

상대는 나의 표정(미소) 짓는 것을 보고 나를 읽게 된다. 그러므로 대인관계에서 밝은 미소는 상대방을 편하게 할 뿐 아니라, 인간관계를 원만하게 하기 때문에 누구를 만나든지 자기 자신도 즐거워진다.

7) 자신감 있는 미소

참된 미소는 철학이 필요하다. 여기서 '철학' 이라고 하는 것은 미소에 대한 시각이나 자기 소신과 같은 마음가짐을 말한다. 겉치레 미소가 아니고 참된 미소를 지으려면 정신적 바탕이 되는 자기 나름대로의 철학이 있어야 한다. 이렇게 자기 철학을 확고하게 갖고 있으면 우선 자신의 마음이 편해지고 또 맑고 순수한 마음에서 우러나오는 미소는 자연스럽고 품위 있는 미소를 짓게 된다.

3. 자세와 동작

1) 바른 자세

'바디 랭귀지(body language)' 라는 말은 비언어적인 의사소통의 흐름으로 '신체의 언어' 라고 한다. 이와 같은 말은 우리 속담에도 "보기 좋은 떡이 먹기도 좋다"는 말로 풀이될 수 있다. 즉 '눈으로 맛을 식별한다' 는 의미가 말로 '맛있다' 라는 표현은 하지 않더라도 입은 다문 상태에서 침을 삼키게 되는 표정과 동작을 하면 그 의미를 제대로 전달할 수 있다는 것이다. 이와 같이 사회 생활하는 데 있어서 자기의 자세와 동작이 타인에게 미치는 영향은 매우 중요하다.

마음가짐이 자기의 정신이라면 바른 몸가짐은 자기의 육체관리라 할 수 있다. 여기서 말하고자 하는 외면적·내면적으로 나타나는 기본자세를 어떻게 관리하는 것이 바른 자세인가를 성경에서는 "여호와여 주께서 나를 감찰하시고 아셨나이다 주께서 나의 앉고 일어섬을 아시며 멀리서도 나의 생각을 통촉하시오며 나의 길과 눕는 것을 감찰하시며 나의 모든 행위를 익히 아시오니 여호와여 내 혀의 말을 알지 못하시는 것이 하나도 없으시니이다 주께서 나의 전후를 두루시며 내게 안수하셨나이다 (시 139:1~5)"라고 말씀하셨다. 그러므로 우리 성도들은 바르고 친절한 몸가짐으로 하나님께 영광 돌리고 모든 사람들에게 좋은 영향을 미치는 자세로 살아야 한다.

2) 기본자세
(1) 선자세

선자세는 차렷자세보다 유연한 자세로서, 발은 V자 모양으로 해서 오른발을 약간 앞쪽으로 내밀고 무릎은 약간 붙인 다음 엉덩이는 힘을 주

어 위로 당기고, 또 이때 배에 힘이 들어가기 쉬우니 앞으로 내밀지 않
도록 주의하여야 되고, 등줄기를 꼿꼿이 펴게 되면 가슴은 자연히 쭉 펴
지게 되는 반면 어깨가 힘이 들어가니 힘을 빼어 내리고 손의 처리는 여
성은 왼손 위에 오른손이 오도록 하여 두 손을 앞으로 모아 아랫배 위에
놓는다. 남성은 양손을 바지 재봉선에 자연스럽게 붙이며, 턱을 당김과
동시에 시선은 정면을 보면서 자연스럽게 미소를 짓는다.

(2) 의자에 앉고 서는 자세
　① 여성
　- 등받이와 등 사이에는 주먹 한 개의 간격을 두고 깊이 앉는다.
　- 턱은 당기고 눈은 정면을 향한다.
　- 양 무릎은 붙이고 발끝을 모은다.
　- 양 손은 무릎 위에 가지런히 포개어 놓는다.

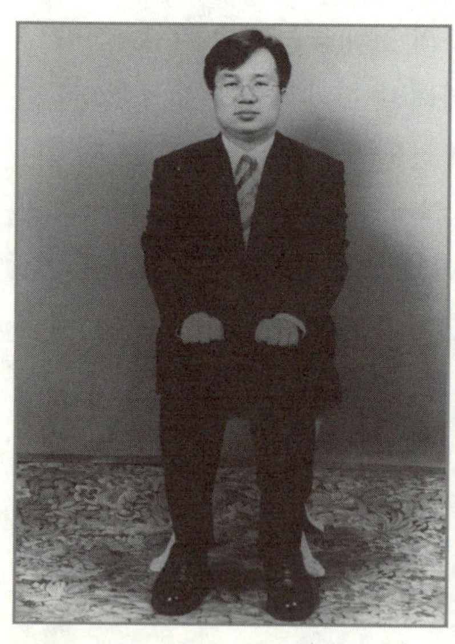

② 남성

- 턱은 당기고 눈은 정면을 향한다.

- 등받이와 등 사이에는 주먹 한 개가 들어갈 정도의 간격을 두고 깊이 앉는다.

- 발과 무릎은 허리넓이 만큼 벌려 발이 정면을 향하도록 한다.

- 손은 살짝 쥐고 무릎 위에 놓는다.

(3) 보행 자세

- 등을 곧게 세우고 어깨에 힘을 뺀다.

- 무릎을 곧게 펴고 배를 당기고 중심을 허리 높이에 둔다.

- 턱은 당기고 눈은 자연스럽게 앞을 본다.

- 걷는 방향이 직선이 되도록 한다.

- 이동 중에는 사람들의 통행에 방해가 되지 않도록 한다.

(4) 대기 자세

- 표정: 미소띤 밝은 표정을 띤다.

- 시선: 한 곳에 고정하지 말고 천천히 주위를 살핀다.

3) 공손한 동작

(1) 동작의 포인트

① 미소: 아무리 정중한 동작이라도 굳은 표정으로는 의미가 없다.

② 눈맞춤: 작은 동작이라도 상대의 눈을 보며 전달하거나 지시해야만 좋은 느낌을 전할 수 있다.

③ 정면 응대: 본인에게 편안한 위치에서 행동하지 말고, 항상 상대

를 정면으로 응대해야 한다.

④ 허리선 수수: 정중한 느낌의 전달을 위하여 모든 물품은 허리와 가슴 사이로 전달한다.

⑤ 상체 15도: 상대와 너무 가까이 서지 말고 거리를 둔 후 상체를 15도 정도 공손하게 앞으로 굽힌다.

(2) 안내동작

① 근거리 안내

 - 표정: 밝게 웃는다.

 - 시선: 상대를 본다 → 가리키는 방향을 본다 → 손을 내리기 전에 상대를 다시 본다

 - 자세: 정면응대

 - 손가락을 가지런히 모아 손등을 위로 하지 않도록 한다.

 - 팔목이 굽지 않도록 주의한다.

 - 팔꿈치의 각도로 거리감을 나타낸다.

 - 상대를 중심으로 방향을 가리킨다(이때 나머지 한 손은 가볍게 버클 내지는 아랫배 위에 올려놓으면 훨씬 정중한 표현이 된다).

② 어른을 인도, 수행할 때의 위치

 - 어른을 인도할 때: 어른의 우측 2~3보 앞에서 인도한다. 그래야 앞에서 볼 때 인도자가 어른의 하석에 있게 된다.

 - 어른을 1인이 수행할 때: 수행자가 어른의 2~3보 뒤 우측에 선다. 그래야 앞에서 볼 때 수행자가 하석이 된다.

 - 어른을 2인 이상이 수행할 때: 여럿이 어른을 수행할 때는 어른을 중앙에 모신다. 그래야 중앙이 상석이 된다.

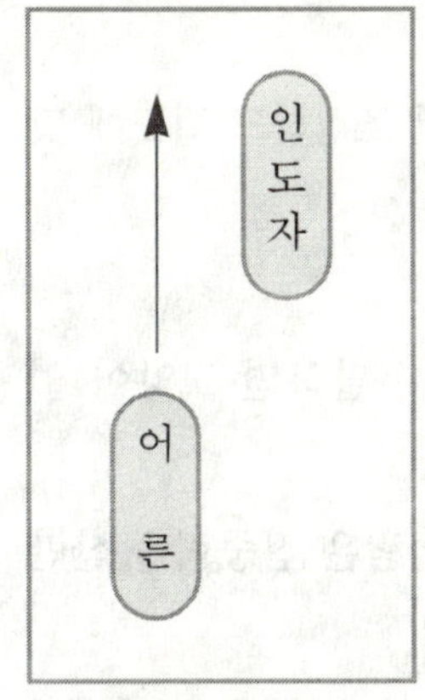

〈어른의 우측 2~3보
앞에서 인도한다〉

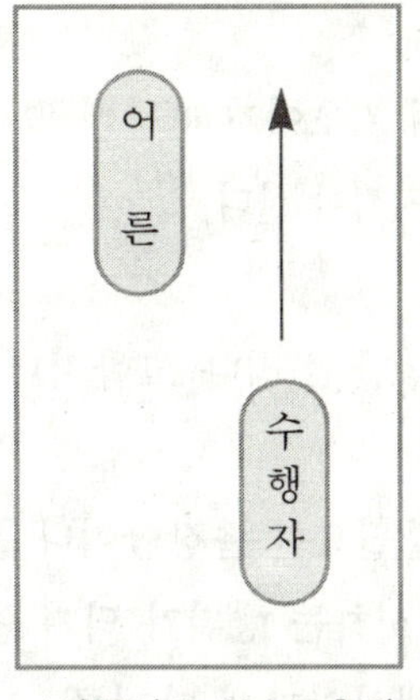

〈어른의 2~3보 우측의
뒤에 선다〉

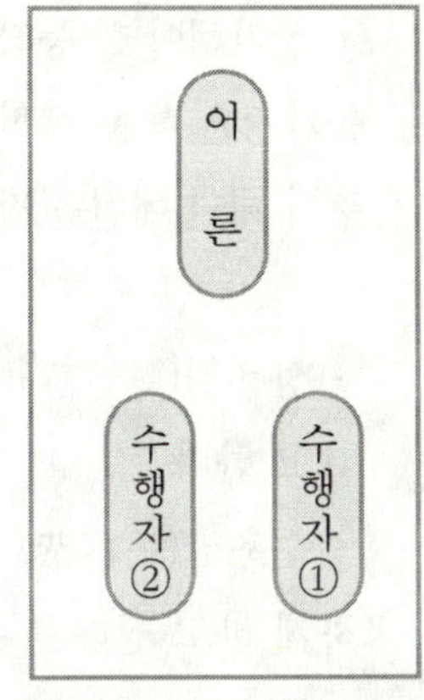

〈어른을 중앙에 모신다〉

③ 물건을 주고 받을 때

물건은 일상생활에 있어서 없어서는 안 될 소중한 것이기 때문에 물건을 주고 받을 때 아무렇게나 다루면 천박해 보인다. 그러므로 물건도 아끼며 주고 받는 예절을 잘 지켜 품위를 유지해야 한다.

- 물건을 손 위에 얹어서 준다.
- 가슴과 허리 사이에서 두 손으로 건넨다.
- 물건을 누구에게 줄 때는 받는 사람이 편리하게 준다.
- 칼, 가위, 수저 등은 상대방이 손잡이를 잡기 쉽게 준다.
- 신문이나 책 등 읽을 수 있는 것은 상대방이 바르게 볼 수 있도록 준다.
- 바닥에 앉은 사람에게는 앉아서 주고, 선 사람이나 의자에 앉은 사람에게는 서서 준다.

④ 삼가해야 할 동작

몸가짐은 행동 예절의 기초이기 때문에 평소에 조심하고 법도에 맞추어 개인 예절을 잘 지켜야 한다.

- 성용정(聲容靜): 성난 소리나 고함지르듯이 말하면 교양이 없다고 한다.

- 수용공(手容恭): 불필요한 손장난이나 손놀림은 집중력을 산만하게 하고 상대를 무시하는 행위가 되기 쉽다.

- 족용중(足容重): 책상의자에 다리를 꼬고 앉아 신발만 걸치고 흔드는 모습은 경망스러워 보인다.

- 입용덕(立容德): 한쪽에 중심을 두고 책상이나 서류함에 기대거나 삐뚤어지게 선 자세로 흔들흔들하면 교양이 없어 보인다.

4) 장애인 안내

장애인의 유형은 시각장애, 지체장애, 청각장애, 언어장애, 정신지체 등이 있다. 세계적으로 장애인은 전체 인구의 10퍼센트를 차지하고 산업화의 발달로 사후장애인이 82퍼센트라고 한다. 필자가 교육원장 재직 시 피교육생 사회 봉사 활동시간에 장애인 시설로 안내하다보니 '원장 가족 중에 장애인이 있나보다' 하는 말을 들은 적이 있었다. 무슨 장애냐고 묻길래 '마음의 장애'라고 한 기억이 난다. 꼭 육체적인 장애자만이 장애자가 아니다. 우리 대부분이 마음의 장애자라는 사실을 모르고 있는 것 같다.

모 전직장관이 연말에 격려 겸 장애시설을 돌아보고 온 소감을 기자가 질문하니 하는 말이 "나와 우리가족이 건강한 것을 감사하게 생각한다"고 답한 것을 기자는 "자기 가족만을 생각하는 사람이 어떻게 국정을 논할 수가 있느냐, 적어도 장애자 복지를 위해 앞으로 어떻게 추진하겠다는 정책 제시가 있어야 하지 않느냐"며 분개한 기사를 보고 우리의 현실이 너무 무감각하게 장애인을 대하고 있다고 생각하게 된다. 장애인이 바라는 것은 단 한 가지, 정상인과 똑같이 대해 달라는 것이다.

(1) 시각장애인

시각장애자는 보이지 않기 때문에 오로지 소리로 대화가 가능하다.

① 자신의 성명을 밝힌 후, "도와드릴까요?"라고 물은 후 요청이 있을 때 안내를 한다.

② 앞의 변동 상황에 대하여 미리 예고하여 준다

③ 방향과 장소를 알려 줄 때는 전후좌우와 몇 발짝, 몇 미터 등 정확한 위치를 알려 준다.

④ 안내를 할 때는 장애인의 지팡이 반대쪽에 서서 자신의 팔을 빌려 주고, 장애인보다 반 보 앞서 걷는다(지팡이를 잡거나, 당기거나, 미는 것은 금물이다).

⑤ 차를 대접하거나 식사시에는 각 그릇의 위치와 음식물의 내용을 시계 방향에 따라 작은 소리로 알려 준다.

(2) 지체장애인

① 도움이 필요한지 묻는다.

② 경사진 도로를 오를 때는 휠체어 뒤에서 가급적 낮은 자세를 취하여 밀어 올린다.

③ 경사진 도로를 내려갈 때는 휠체어를 뒤로 돌려 천천히 뒷걸음으로 내려가거나 장애인의 체중이 무겁지 않은 경우 휠체어를 뉘어 앞으로 내려간다.

④ 계단을 오를 때는 계단의 난간쪽에 붙어 휠체어를 돌려 누인 후에 한 계단씩 끌어올린다.

⑤ 계단을 내려갈 때는 매우 위험하니 주위 사람의 도움을 받아 휠체어를 뒤에 뉘어 한 계단씩 천천히 내려간다.

⑥ 휠체어에 앉히는 방법

 - 휠체어에 브레이크 장치를 하고 발판을 올린다.

 - 쿠션을 놓고 휠체어에서 떨어지지 않도록 허리를 의자 안쪽으로 깊숙이 앉힌다.

⑦ 휠체어에서 내리는 방법

 - 휠체어의 브레이크를 건다.

 - 몸을 앞으로 옮기고 발받침을 올린다.

 - 발위치를 넓히고 허리를 충분히 낮추고 엉덩이 밑으로 손을 잡아 안아서 당겨 준다.

(3) 청각장애인

청각장애인은 전국적으로 약 35만명이라고 한다. 그러나 외형상으로 정상인과 같이 보여서 국가나 사회로부터 지체 장애자들보다 혜택을 받지 못하고 있다. 그러므로 우리 교회에서는 일반 사람들보다 더 많은 관심을 가지고 청각 장애인들을 위하여 수화설교를 실시하여 우리 믿는 신앙인들이 사랑으로 위로하고 한 생명을 구원하여 하나님께 영광을 돌려야 한다.

① 연필과 종이를 준비하여 제공해 준다.

② 기본 응대 용어는 수화로 한다.

 - 안녕하십니까?

- 무엇을 도와 드릴까요?

- 감사합니다.

- 잠시만 기다려 주십시오.

③ 장애인에 대한 에티켓

- 장애인의 요청이 있을 때 도움을 준다.

- 과잉염려, 과잉보호, 과잉친절은 삼가한다.

- 동정이나 자선은 피해야 한다.

■ 수화(手話) ■

청각장애인에 대한 기본응대를 할수 있도록 한글, 숫자 및 간단한 단어를 수화로 익혀보도록 한다.

여기서 잠깐!

사고가 바뀌면 행동이 바뀌고, 행동이 바뀌면 습관이 바뀌고, 습관이 바뀌면 인격이 바뀌고, 인격이 바뀌면 운명이 바뀐다.

우리 강한 자가 마땅히 연약한 자의 약점을 담당하고 자기를 기쁘게 하지 아니할 것이라 우리 각 사람이 이웃을 기쁘게 하되 선을 이루고 덕을 세우도록 할지니라.

— 롬 15:1~2

1. 자음

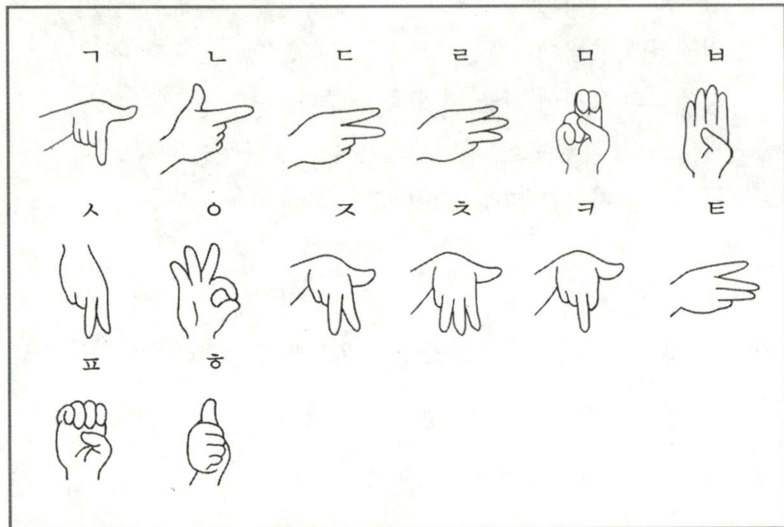

2. 모음

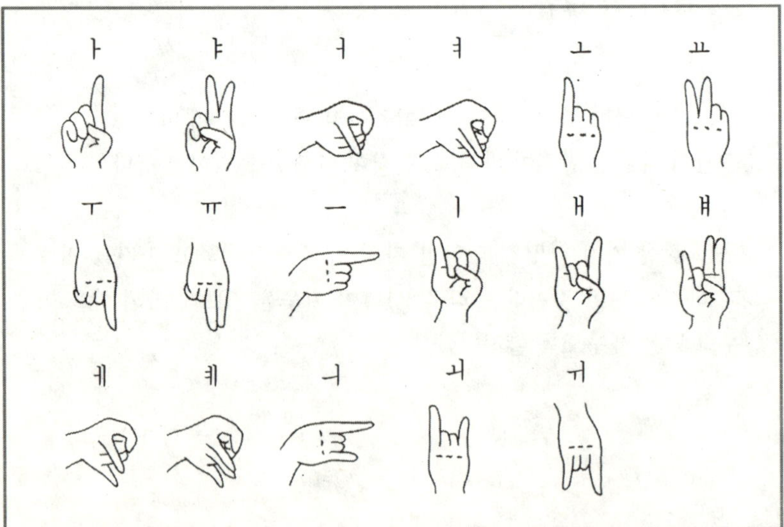

숫자 익히기

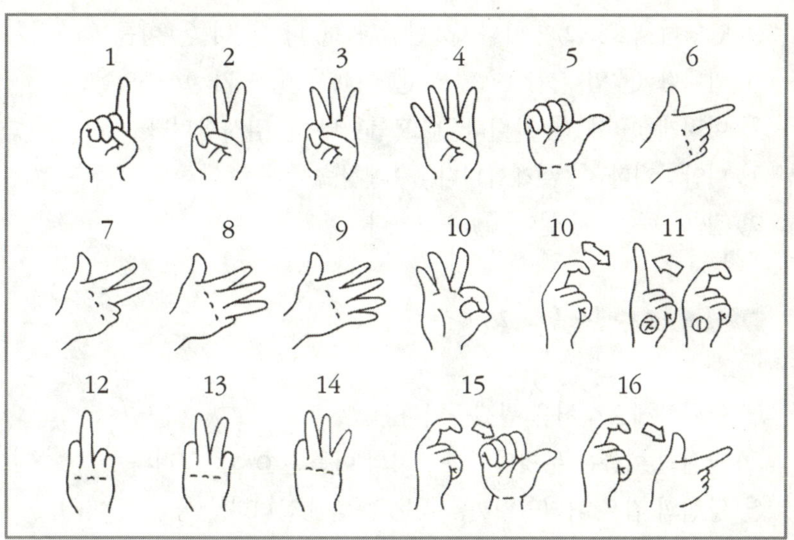

1   2   3   4   5   6
7   8   9   10   10   11
12   13   14   15   16

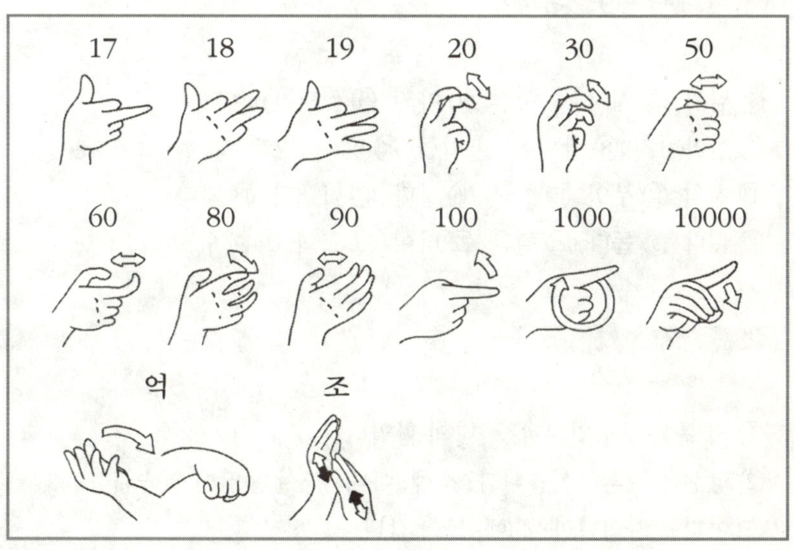

17   18   19   20   30   50
60   80   90   100   1000   10000
억   조

① 안녕하세요? ② 만나다 ③ 반갑다 ④ 나 ⑤ 너 ⑥ 이름
⑦ 입니다 ⑧ 입니까? ⑨ 언제 ⑩ 어디서 ⑪ 누가 ⑫ 무엇을
⑬ 어떻게 ⑭ 왜 ⑮ 압니다 ⑯ 모릅니다 ⑰ 감사합니다
⑱ 미안합니다 ⑲ 실례합니다 ⑳ 괜찮습니다
㉑ 집 ㉒ 주소 ㉓ 살다 ㉔ 수고하다

① 안녕하세요?/ 처음 뵙겠습니다.
② 당신의 이름은 무엇입니까?/ 저의 이름은 ○○○입니다
③ 당신의 집은 어디입니까?/ 저는 ○○에 삽니다

① 남자 ② 여자 ③ 사람 ④ 아기 ⑤ 젊다 ⑥ 늙다
⑦ 할아버지 ⑧ 할머니 ⑨ 아들 ⑩ 딸 ⑪ 오빠 ⑫ 언니
⑬ 친척 ⑭ 부인 ⑮ 친구 ⑯ 낳다 ⑰ 나쁘다 ⑱ 좋다
⑲ 싫다 ⑳ 돕다 ㉑ 결혼 ㉒ 나이 ㉓ 교회 ㉔ 예수

① 저 분은 누구입니까?/ 나의 형입니다
② 당신은 결혼하셨습니까?/ 예, 아내와 3살 된 딸이 있습니다
③ 어디를 가십니까?/ 예, 교회 갑니다

4. 인사예절

1) 인사란 무엇인가?

우리가 교회에서나 사회생활하는 데 있어서 인사는 제일 중요한 동시에 나에 대한 이미지를 상대방 거울에 비추는 행동이다. 정감있는 인사는 대인 관계를 부드럽게 해주는 윤활유 역할을 한다.

그러므로 어디에서나 인사는 가능한 적극적으로 하는것이 바람직하지만 상황을 보아서 하는 센스도 아울러 갖춰야 한다. 상황에 맞지 않거나 형식을 제대로 갖추지 않은 인사는 오히려 겉치레나 군더더기에 불과할 수 있기 때문에 인사시에는 상대방에 대한 존경심을 가지고 마음속에서 우러나는 진정한 인사를 해야 한다.

2) 인사의 요령

여기서 논(論)하고자 하는 인사는 성경에 나오는 아브라함이 하나님의 천사들에게 몸을 땅에 굽혀 절했던 것과 같은(창 18:2) 큰절이 아니라 가벼운 인사로 붐비거나 협소한 장소에서, 또는 직장에서 자주 보는 동료나 상사에게 하는 목례, 인사와 감사 또는 사과의 뜻을 표시하는 정중례, 일반적인 보통례이다.

(1) 상대방의 눈을 보며 상냥하게 인사말을 건넨다.

　- 시선은 부드럽게 상대방의 눈을 응시하며 가슴과 등을 자연스럽게 편다.

　- 밝고 쾌활한 목소리로 인사한다.

(2) 상체를 정중하게 굽힌다.

　- 등, 목, 허리: 일직선이 되게 하며, 허리부터 굽히는 기분으로

정중하게 굽힌다.

 - 배: 끌어당기는 기분으로 한다.

 - 히프: 뒤로 빠지지 않게 한다. 다리를 지나치게 긴장시키면 히프가 뒤로 빠지게 되므로 주의한다.

 - 턱: 앞으로 쳐들지 않는다. 자칫하면 건방진 인상을 주기 쉬우므로 주의한다.

(3) 잠시 멈춘다.

 - 시선은 발끝 1~2m 앞에 두고 0.5~1초 정도 멈춘다.

(4) 천천히 든다.

 - 상체를 굽힐 때보다 천천히 든다.

(5) 바로 서서, 다시 상대방의 눈을 본다.

 - 온화한 표정과 시선으로 상대의 눈을 본다.

〈상체를 정중하게 굽힌다〉

〈0.5~1초 정도 잠시 멈춘다〉

3) 인사의 종류

(1) 목례(남녀 반경례, 15°)

- 가벼운 인사

- 붐비거나 협소한 장소에서 한다.

- 직장에서 자주 보는 동료나 상사에게 한다.

(2) 정중례(남녀 큰경례, 45°)

- 정중한 인사

- 감사 또는 사과의 뜻을 표시한다.

(3) 보통례(남녀 평경례, 30°)

- 일반적인 인사

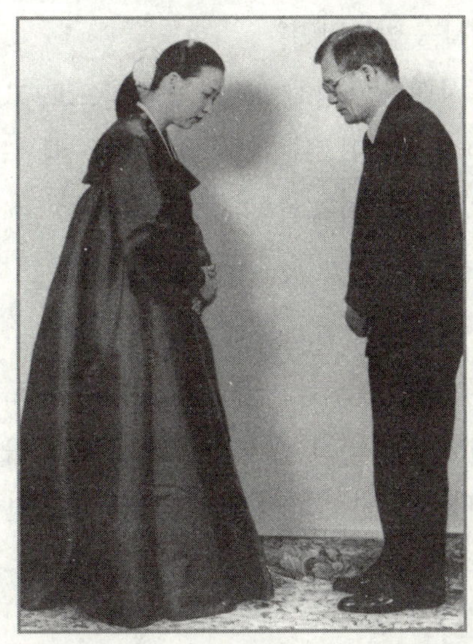

〈목례 — 남녀, 반경례 15°〉

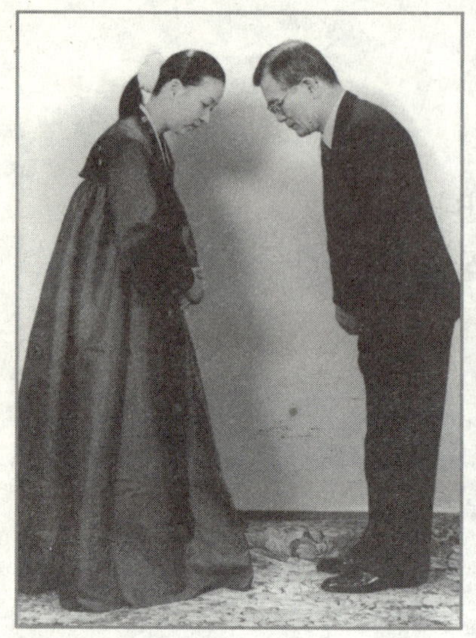
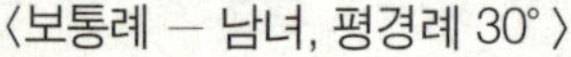

〈 보통례 - 남녀, 평경례 30° 〉　　　〈 정중례 - 남녀, 큰경례 45° 〉

4) 만약 이런 인사를 받는다면?

인사를 나눌 때 상대방이 망설이거나 눈맞춤으로 고개만 까딱하며 무표정한 얼굴로 "안녕하세요" 하는 인사를 받았을 때에는 그 사람이 나에게 감정이 있는 것 같아서 마음이 편치 않게 된다.

5) 인사할 때의 유의사항

인사에는 순서가 없다. 손위든 손아래든 먼저 보는 사람이 인사를 하면 된다. 손아랫사람은 당연히 먼저 하지만 손윗사람은 부모나 형 입장에서 사랑스럽기 때문에 먼저 인사할 수 있다. 피차 인사는 정성과 감사의 마음으로 정중하게 하면 된다.

6) 용건을 묻거나, 들을 때

대화시에는 상대방의 시선을 보면서 상체를 10도 정도 굽히며 묻거나 들으면서 중요한 부분에서는 복창을 하며 동감이 갈 때에는 바로 맞장구를 치며 알겠다는 표정으로 답하여야 한다.

5. 말씨예절

1) 대화예절

(1) 말에 대하여
 - 말이 많으면 허물을 면키 어려우니, 그 입술을 제어하는 자는 지혜가 있느니라(구약성서 '잠언').
 - 일평생 선을 행하였더라도 한 마디의 말실수로 그 선을 깨뜨리게 된다(공자).
 - 입은 '마음의 문' 이니 입 지키기를 단단히 하지 못하면 비밀이 누설된다(채근담).
 - 군자는 말이 적고 소인은 말이 많다(예기).
 - 생각한 후에 말을 하며, 말은 강한 어조로 하지 않는다(법구경).
 - 말 한 마디에 천냥 빚을 갚는다(격언).

(2) 좋은 말씨의 기본 원칙
말을 할 때에는 꾸미지 말고 정직하게 사실대로 해야 상대방이 신뢰하게 된다. 부정적인 말보다는 긍정적인 말을 사용하여야 한다. 한국인은 아침에 일어날 때 "아이, 피곤해 죽겠다" 하는가 하면 평소에도 "미워

죽겠네", "귀찮아 죽겠네"라는 표현을 많이 사용하고, 기분이 좋을 때도 "좋아 죽겠네"라는 표현을 자주 사용한다. 반대로 서구 사람들은 아침에 일어날 때 "상쾌한 아침!" 하며 인사하고 아침에 산책시 사람을 만나면 "상쾌한 아침!" 하고 먼저 본 사람이 인사를 한다.

우리 속담에 '말한 대로 된다'는 말이 있다. 슬플 때는 슬퍼서 죽겠고 기쁠 때는 기뻐서 죽겠다고 하는 표현은 이러한 이유에서라도 삼가해야 한다. 특히 우리 성도들은 말할 때 "고맙습니다", "미안합니다", "괜찮습니다", "감사합니다"를 생활화할 때 전도의 대상이 넓어진다는 사실을 명심하여야 한다.

(3) 말하는 목적

"처음에는 온 땅의 언어가 하나였으나 교만한 인간들이 성(城)과 대를 쌓아 대꼭대기를 하늘에 닿게 하여 우리 이름을 내고 온 지면에 흩어짐을 면하고자 하는 것을 보시고 여호와께서 강림하사 이 무리가 한 족속이요 언어가 하나이므로 이같이 시작하였으니 그들의 언어를 혼잡케 하여 그들로 서로 알아듣지 못하게 하자 하시고 온 지면에 흩으신고로 그들이 성(城) 쌓기를 그쳤다"(창 11:1~8).

우리의 언어가 하나님과 동등하게 되고자 한 이유 때문에 하나님의 노하심으로 갈라져서 같은 나라 안에서도 제주도의 토속어와 육지 사람의 언어는 의사소통이 안 된다. 그러나 하나님을 찬양하는 음악은 세계 공통어로 통일되어 있는 것처럼, 하나님의 인도하심 안에서 행하는 자만이 통일된 언어에 참여하게 된다고 하겠다.

(4) 대화의 태도

대화를 할 때에는 상대를 주시하고 상대가 말을 할 때에는 탁구 경기

시에 공이 넘어가고 넘어오는 것을 눈동자가 따라다니듯 상대를 바라보면서 맞장구를 쳐 주되 혼자 말하지 말고 대화 분위기에 맞는 적절한 표현을 사용해야 한다. 그리고 입으로만 이야기하지 말고 노래하듯 가다듬어 이야기하되 여유를 가지고 상대가 알아들을 수 있는 유머를 섞어서 상대를 기분좋게 만들어야 한다.

(5) 좋은 대화의 포인트
　① 쿠션 표현 방법(부드럽게 만드는 말): 상대방에게 의뢰할 때
　　　예) 실례합니다만~, 공교롭게도~, 죄송합니다만~
　② 긍정적인 표현
　　　예) 할 수 없습니다 → 죄송합니다만, 하기가 어렵습니다
　③ 의뢰형
　　　예) 기다리세요 → 기다려 주시겠습니까?

(6) 말하기와 듣기
　① 말하기
■ 말하기의 기본 자세
　- 눈은 듣는 사람을 정면으로 보고 경청하며 상대방의 눈을 부드럽게 주시한다.
　- 밝은 표정으로 등을 편 바른 자세로 하되, 동작은 제스처를 사용한다.
　- 어조는 정확한 발음으로 자연스럽고 상냥하게 한다.
　- 말씨는 알기 쉽고 친절하게 하며 경어를 사용한다.
　- 목소리는 적당한 크기와 속도로 한다.
　- 마음은 성의와 선의를 가지고 한다.

■ 호감을 느끼지 못하는 말
  - 변화가 없고 신선미가 결여된 말: 소문이나 험담
  - 전문용어나 외래어의 남발: 너무 높거나 낮은 음성
  - 끊임없는 이야기: 좋지 못한 말버릇

② 듣기
■ 듣기의 기본 자세
  - 눈: 상대를 정면으로 보고, 시선을 자주 마주친다.
  - 몸: 정면을 향해 조금 내밀듯이 한다.
  - 손이나 다리를 꼬지 않고 한다.
  - 끄떡끄떡하거나 메모를 하면서 적극적으로 한다.
  - 입: 맞장구를 치면서 한다.
  - 질문을 섞어가며, 모르면 물어보기도 한다.
  - 마음: 흥미와 성의를 가지고 말하고자 하는 의도가 느껴질 때
까지 인내하며 한다. 상대방의 마음을 편하게 한다.

■ 상대를 무시하는 듣기
  - 건성으로 듣고 대답한다.
  - 눈을 쳐다보지 않고 무관심하다.
  - 팔짱을 끼고 듣거나 손장난을 한다.
  - 말을 중간에 끊는다.

(7) 풍부한 대화를 위한 화제 찾기
  '화제' 란 이야깃거리를 말하는데 혼자서 열심히 말해도 상대에게 관
심없는 말이면 소용이 없다. 예를 들어 잔칫집에서 초상집 이야기를 해

서는 안 되는 것처럼 그 장소와 여건에 따라 교수에게는 학문에 대하여, 성도에게는 신앙에 대하여 격에 맞는 이야기라든지 아니면 직접 자신이 체험한 일 또는 화제의 보도내용에서 대화를 하게 되면 공통 분모를 찾기가 쉽다.

여기서 잠깐!

어려운 말 연습표

■ 간장공장 공장장은 강 공장장이고, 된장공장 공장장은 공 공장장이다.

■ 저기 있는 저 분이 박 법학박사이시고, 여기있는 이 분이 백 법학박사이다.

■ 저기 가는 저 상장사가 새 상장사냐 헌 상장사냐?

■ 중앙청 창살은 쌍창살이고, 시청 창살은 외창살이다.

■ 사람이 사람이라고 다 사람인 줄 아는가, 사람이 사람 구실을 해야 사람이지.

■ 한양 양장점 옆 한영 양장점, 한영 양장점 옆 한양 양장점.

■ 저기 있는 말뚝이 말 맬 말뚝이냐, 말 못 맬 말뚝이냐?

■ 옆집 팥죽은 붉은 팥 팥죽이고, 뒷집 콩죽은 검은 콩 콩죽이다.

■ 멍멍이네 꿀꿀이는 멍멍해도 꿀꿀하고, 꿀꿀이네 멍멍이는 꿀꿀해도 멍멍하네.

■ 들의 콩깍지는 깐 콩깍지인가 안 깐 콩깍지인가? 깐 콩깍지면 어떻고 안 깐 콩깍지면 어떠냐? 깐 콩깍지나 안 깐 콩깍지나 모두 콩깍지인데.

2) 전화예절

(1) 전화예절의 중요성

전화 보급 3,978만 대(전화 2,060만대, 휴대폰 1,918만대— 1999년 7월말 통계) 확대로 전과 같이 편지가 아닌 전화를 의사 소통의 수단으로 이용하고 있다. 전화는 얼굴이 보이지 않는 의사 전달 창구로 직접하는 대화와 달라 상대와 나누는 전화응대 한 마디는 우리 교회나 가정의 이미지 그리고 나의 이미지를 결정하게 된다.

또한 전화는 음성만으로 나를 전달하기 때문에 비교적 마음에 부담이 적어서 무례한 전화내용이 되기 쉽다. 이런 면에서 볼 때, 효율적으로 간단히 줄여 통화하는 것이 올바른 전화예절이라 하겠다.

(2) 전화 응대의 기본

전화가 걸려오거나 내가 받을 때는 예고없이 직접 찾아온 방문객을 맞이한다는 마음가짐으로 대하고 전화를 받을 때는 전화소리가 첫번째 울렸을 때 받으면 상대방이 당황하게 되니 두 번째 울렸을 때 받는 것이 적당하고 수화기를 왼손으로 잡고 받으며 발음은 명랑한 음성의 표준어로 해야 한다.

받은 쪽에서 먼저 "안녕하십니까? ㅇㅇ교회의 ㅇㅇ집사입니다"를 밝히고 대화시는 상대방의 말을 차단하지 말고 끝까지 경청하며 대화시 필요한 내용은 오른손으로 메모를 하고 답변시는 간단명료하게 답하고 더 이상 통화 내용이 없으면 "그럼 이만 끊겠습니다. 안녕히 계십시오" 하고 정성스러운 인사로 끝맺는다. 그리고 그 후에 오른손으로 훅을 누른 다음 왼손에 있는 수화기를 살짝 올려놓고 전화를 끊는다. 그래야 상대방이 불쾌한 기분이 안 든다.

(3) 전화 받는 법

전화 받을 때 얼굴 없는 방문객이라고 소홀히 해서는 안 되고 우리집 손님을 직접 맞이하듯 해야 한다. 군대영화를 보면 상급자에게서 전화가 오면 의자에서 일어나 부동자세 상태에서 받고 통화가 끝난 다음에 거수경례하는 것처럼 자세를 바르게 하고 상대가 묻기 전에 받은 쪽에서 먼저 인사를 한다.

전화벨이 3번 이상 울린 후에 받을 때는 "늦게 받아 죄송합니다" 하거나 "네, 오래 기다리셨습니다"라고 인사한다. 처음 수화기를 들고 통화가 되면 상대가 누가 되었든 친인척관계라도 경어를 사용하고 도중에 호칭을 바꾸지 않는 것이 전화예절이다.

(4) 전화 거는 법

전화를 건다는 것은 보이지 않는 누군가에게 무엇인가를 상의하려는 행위로서 상대가 나온 다음에 용건을 생각하거나 지루하게 해서는 안되며, 전화받은 상대의 사정도 고려해야 되기 때문에 "혹 지금 바쁘지 않으십니까? 이야기가 좀 길어질 것 같은데 괜찮으십니까?"라고 양해를 구한 다음 용건을 미리 준비한 상태에서 전화를 걸어 간략하게 용건을 마친 후 "네 고맙습니다. 수고하십시오"로 전화를 끝내야 한다.

(5) 휴대전화 사용시 주의사항

휴대전화의 급진적인 보급으로 많은 부작용이 나타나고 있다. 운행중인 버스 내에서 큰 음성으로 전화를 받는다고 꾸지람하는 교수를 여대생이 폭행을 했다는 보도와 심지어 상가(喪家)에서 문상중에 휴대폰에서 '아리아리랑 쓰리쓰리랑' 하는 멜로디소리에 당황했다는 등 많은 화제를 뿌리고 있다. 특히 운전중의 전화통화는 정상운전에 비해 집중력이 분산되어 혈중 알콜농도 0.1퍼센트 상태와 유사하기 때문에 사고가 일어날 확률이 약 4배나 높아지게 된다. 이러한 위험성 때문에 운전 중의 전화사용 금지에 대한 법제화 작업을 추진중에 있다고 한다.

또 병원, 공항 등의 첨단장비를 갖춘 장소에서 사용할 경우에는 기계의 오동작이 발생할 수 있다고 하니 아래에 열거하는 장소에서는 사용을 자제해야 한다.

- 운전중 사용금지
- 병원, 공항 등 첨단장비를 갖춘 장소
- 교회 예배시, 공연장, 전시장, 도서실, 차내

(6) 사항별 응대법

① 전화가 잘 들리지 않을 때

- 한 번 더 말씀해 주실 것을 요청하거나, 다시 걸도록 요청한다.
  - "죄송합니다. 잘 들리지 않습니다. 옆 번호(○○○○번)로 다시 한 번 전화해 주시겠습니까? 지금 제가 먼저 전화를 끊겠습니다."
- 상대방의 탓이 아닌 전화기 탓으로 돌려 말한다.
  - "손님, 목소리가 너무 작아서 잘 들리지 않는데요"가 아닌 "전화 상태가 좋지 않습니다. 다시 한 번 말씀해 주시겠습니까?"

② 전화가 잘못 걸려 왔을 때

- 친절하고 정중하게 상대가 무안하지 않도록 응대한다.
  - "아니예요. 잘못 거셨습니다"가 아니라, "실례지만 몇 번으로 거셨습니까?"라고 번호를 확인한 후에 "어쩌지요? 이 곳은 ○○○가 아니라 하늘문교회입니다. 전화가 잘못 걸린 것 같습니다"

라고 대답한다.

③ 통화 도중 방문객이 올 때
■ 먼저 눈인사와 가벼운 목례를 하고 곧 응대할 것을 알린다.
■ 가능한 한 통화는 빨리 끝낸다.
■ 한참 길어질 경우 양해를 구한다.
 - "손님, 죄송합니다. 제가 전화를 곧 다시 드리도록 하겠습니다. 번호를 남겨 주시겠습니까?"
 - 급한 경우 다른 사람에게 방문객을 응대하도록 유도한다.

여기서 잠깐!

말 한 마디

부주의한 말 한 마디가
싸움의 불씨가 되고
잔인한 말 한 마디가
삶을 파괴합니다.
쓰디쓴 말 한 마디가
증오의 씨를 뿌리고
무례한 말 한 마디가
사랑의 불을 끕니다.

은혜스러운 말 한 마디가
길을 평탄케 하고
즐거운 말 한 마디가
하루를 빛나게 합니다.
때에 맞는 말 한 마디가
긴장을 풀어 주고
사랑의 말 한 마디가
축복을 줍니다.

④ 잠시 통화를 중단할 때

■ 상대방의 문의사항이나 조회사항에 따라 정확도를 따지기 위해 전화를 중단할 경우 먼저 양해를 구한다.

- "네! 확인해 드리겠습니다."

- "죄송합니다. 잠시만 기다려 주시겠습니까?"

■ 조회 후 중단시간이 짧았든 길었든 간에 사과를 한 후 통화를 계속한다.

- "기다리게 해서 죄송합니다.

- "네! 오래 기다리셨습니다."

⑤ 항의 전화인 경우

■ 누구의 잘못인지 사실을 규명하기 이전에 먼저 상대방의 항의를 받아들인다.

■ 먼저 사과하고 통화를 계속한다.

- "손님, 정말 죄송합니다."

- "착오가 있었던 것 같습니다. 불편을 드려 죄송합니다."

- "당장 조사하여 답변을 드리도록 하겠습니다."

- "저희의 착오였던 것 같습니다. 잠시만 기다려 주시겠습니까?"

⑥ 전화에서의 음성 조절

■ 전화에서의 음성: 높낮이와 크고 작음에 유의한다.

■ 전화기와 입과의 거리에 유의: 너무 가까우면 잡음이 많이 생기고, 멀리 들면 잘 들리지 않게 된다.

6. 일반예절

1) 명함 교환

명함은 프랑스의 루이 14세 때 생겼다고 전해진다. 루이 15세 때에는 현재와 같은 동판 인쇄를 사교에 사용했다고 한다. 또 중국에서는 옛날부터 친구집을 찾아간 경우, 친구가 부재시에는 자기 이름을 쓴 것을 놓고 오는 관습이 있었다. 이렇듯 동서(東西)에서 오랜 역사를 갖고 있는 명함은 예전부터 사교 및 사회생활에 있어서 자신을 대신해 주는 역할을 해왔다고 한다. 만남에 있어 첫인상이 중요하듯. 명함은 자기의 소개서이므로 일정한 매수를 항상 윗 주머니나 명함 주머니에 넣어 두는 습관을 길러야 하고 명함을 주고 받을 때에는 항상 '만나뵙게 되어 기쁩니다' 라는 마음을 전달하기 위해 밝은 미소를 지어야 한다.

(1) 명함을 취급하는 방법
 - 명함은 전용지갑, 상의 안주머니, 명함 주머니에 보관한다.
 - 두 손으로 정중하게 교환한다.
 - 받은 명함은 소중하게 취급(메모는 혼자 있을 때)한다.
 - 명함철에 잘 정리해서 보관한다.

(2) 명함을 드릴 때
 - 일반적으로 방문자가 먼저 명함을 건넨다. 단, 초면의 사람에게는 상대방보다 먼저 명함을 드린다.
 - 상대방이 바로 읽을 수 있도록 한다.
 - 회사명과 이름을 이야기하며 공손하게 한다.
 - 명함을 준비하기 전에 상대의 명함을 받게 될 때는 받은 후에 바로 명함을 드린다.

(3) 명함을 받을 때

 - 명함을 받은 후에 반드시 이름을 소리내어 읽어 확인한다.

 - 받은 명함은 허리 아래로 내려가지 않도록 주의한다.

 - 상담시에는 테이블 위에 올려놓고 보면서 이야기한다.

(4) 동시 교환일 경우

 - 동시에 명함을 교환할 경우에는 오른손으로 건네고, 왼손으로 받고, 내미는 오른손은 낮게 하고, 받는 왼손은 높게 하여 교환하는 것이 바른 방법이다.

(5) 여러 사람 간의 명함 교환

복수의 사람과 명함을 교환할 경우, 상대편의 상급자 순으로 교환하고, 상사의 명함이 항상 위에 있도록 받는다.

2) 악수하는 방법

(1) 웃어른이 먼저 청해야 아랫사람이 악수할 수 있다.

(2) 남녀 간의 악수도 상하 간에 구별이 있을 때는 웃어른이 먼저 청해야 한다.

(3) 같은 또래의 남녀 간에는 여자가 먼저 청해야 악수를 한다.

⑷ 동성 간의 같은 또래의 악수도 선배 연장자가 먼저 청한다.

⑸ 아랫사람은 악수를 하면서 허리를 약간(15도 이내) 굽혀 경의를 표현해도 좋다.

⑹ 악수를 하면서 왼쪽 손으로 상대의 손등을 덮어 쥐는 것은 실례이다. 그러나 웃어른이 아랫사람에게 하는 것은 정감 있는 표시로 양해된다.

3) 면담중의 매너

⑴ 면담중 응접실에 들어갈 때

- 노크한 다음 들어가 가볍게 목례한다.

- 문이 열려 있을 때는 "실례합니다"라고 인사한 다음 들어간다.

⑵ 상석의 위치

- 방문에서 먼 위치가 상석이다.

- 긴 의자와 팔걸이 의자가 있을 때는 긴의자가 상석이다.

- 예외의 경우는 방문객이 편안하게 앉을 수 있는 곳이 상석이다.

⑶ 면담중 상사 또는 직원에게 연락하는 방법

- 연락은 메모로 알려 준다.

- "말씀중에 죄송합니다"라고 손님에게 양해를 구한 후 손님에게 메모의 내용이 보이지 않게 전달한다.

- 전달 후 나올 때 고객에게 인사를 하고 나온다.

⑷ 면담중 상사가 들어 왔을 때

- 반드시 일어나서 상사를 손님에게 소개한다.

- 소개 후 손님이 앉은 다음 자신도 앉는다.

- 면담 상황을 상사에게 간결히 보고한 후 면담을 계속한다.

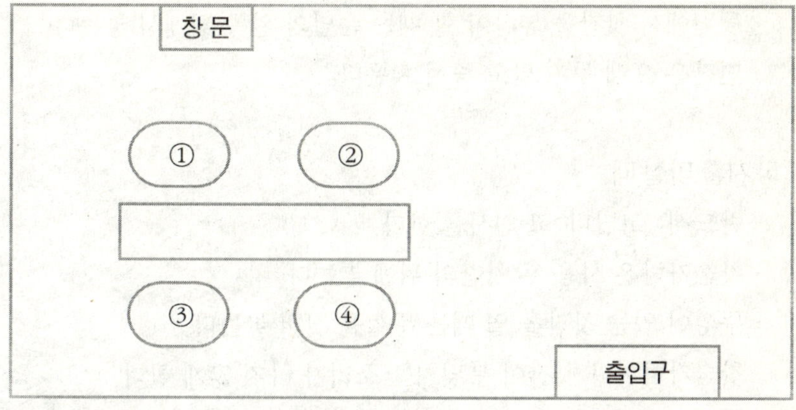

4) 차의 대접

손님과 면담중 한 잔의 차는 분위기를 풀어 주고 마음을 편안하게 해 주는 효과가 있다. 정성이 담긴 한 잔의 차로 면담을 원활하게 할 수도 있고 상대방의 기분도 좋게 한다. 또한 신속하게 적시에 제공하는 것도 중요하다. 면담에 방해가 되지 않도록 조심스럽게 행동하여 차를 제공한다.

(1) 차를 내는 순서: 상석 순으로 차를 낸다.

(2) 테이블에 서류가 가득할 때: 양해를 구한 다음 지시받은 자리에 놓는다.

(3) 쟁반을 놓을 자리가 없을 때: 왼손으로 쟁반을 잡고 오른손으로 차를 낸다. 한 손으로 차를 낼 때는 특히 정중하게 내도록 한다.

(4) 차를 대접할 때

- 준비된 차의 종류를 말하고, 의견을 묻는다.

- 쟁반에 받쳐 탁자에 내려놓고 두 손으로 찻잔 받침을 들어 손님 앞에 놓는다.

· 뒷편에서 찻잔을 놓아야 할 때는 손님의 왼쪽 뒤에서 놓는다.

· 빈잔은 오래 두지 말고 즉시 치운다.

5) 차를 마실 때

· 반드시 '고맙다' 고 인사를 한다.

· 찻숟가락은 사용 후 찻잔의 뒤에 놓는다.

· 뚜껑이 있는 찻잔을 열 때는 뚜껑을 젖혀 놓는다.

· 찻숟가락이나 찻잔이 부딪히는 소리가 나지 않게 한다.

· 오른손으로 찻잔을 들고 왼손으로는 찻잔 밑을 받치고, 잔을 들고 마신다.

· '홀짝' 이는 소리가 나지 않아야 하며, 뜨겁다고 '후' 불거나 찻숟가락으로 떠서 마시지 않는다.

· '꿀꺽' 소리를 내서 마시지 말고, 맛보듯이 조금씩 마신다.

· 다 마신 뒤 찻잔을 조금 뒤쪽으로 밀어 놓는다.

6) 탑승예절

(1) 승용차를 이용할 때

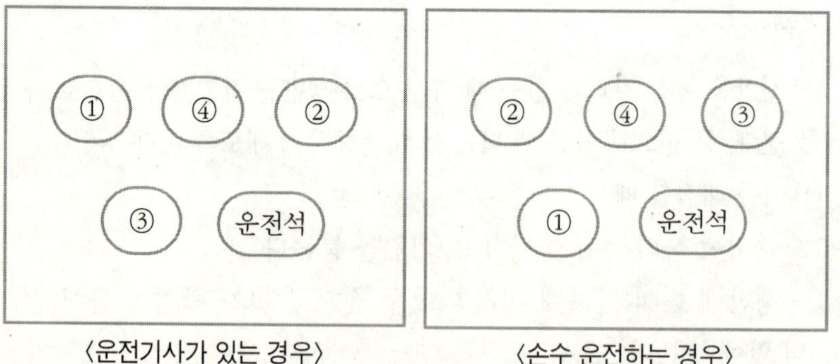

〈운전기사가 있는 경우〉　　　〈손수 운전하는 경우〉

- 운전기사가 있는 경우에는 상석은 승하차가 편하고 승차감이 쾌적한 운전기사의 대각선 방향 뒷좌석이다.

- 손수 운전하는 경우에는 상석은 주인과 대등한 입장에서 대화를 나눌 수 있는 운전석 옆자리이다.

(2) 버스를 이용할 때

- 운전석 뒷편 창가쪽부터 상석이다.

- 앞좌석은 양보하여 뒷좌석부터 채워 앉는다.

- 큰소리로 떠들거나 소란을 피우지 않도록 한다.

(3) 기차를 이용할 때

- 기차 이동 방향의 창쪽이 상석이다.

- 기차가 정차중일 때는 화장실을 사용하지 않는다.

(4) 항공기 및 선박

- 상사가 먼저 탑승하고 먼저 내린다.

- 앞쪽 및 창쪽이 상석이다.

(5) 엘리베이터를 이용할 때

- 안내원이 있는 경우는 윗사람이나 손님이 먼저 타고 내린다.

- 안내원이 없는 경우에는 버튼 조작을 위하여 자신이 먼저 타고 나중에 내린다.

- 엘리베이터가 만원일 때는 앞사람부터 차례로 내린다.

- 가능한 한 문쪽에서 먼 위치에 서며, 상사와 같이 탔을 경우는 버튼 조작판 쪽으로 선다.

- 잡담이나 업무적 대화는 삼가한다.

- 벽에 기대어 서거나 몸으로 부딪치지 않는다.

- 사람들이 입구를 향해 서 있는데, 혼자 돌아서 있지 않는다.

- 마주치는 사람과 목례를 주고 받는다.

· 주머니에 손을 넣은 채 타지 않는다.

· 탑승을 기다릴 때는 내리는 사람에게 방해가 되지 않도록 비켜
서 대기한다.

7) 레이디 퍼스트

서양의 에티켓은 멀리 기독교정신이나 중세의 기사도(騎士道)에 기
원을 두는 '숙녀존중의 개념'을 바탕으로 형성되어 있다. 신사는 무엇
보다 먼저 숙녀존중의 몸가짐을 몸에 익히도록 하는 것이 중요하다.

(1) 여성에 대한 에티켓

① 방이나 사무실을 출입할 때는 언제나 여성을 앞세우고 길을 걸을
때나 자리에 앉을 때는 언제나 여성을 오른쪽에 모시고 상석에 앉히
는 것을 원칙으로 한다.

② 문이 아주 무거울 때는 남성이 문을 열고 먼저 나가거나 들어가서
여성을 위하여 문을 잡아 주는 것이 좋으며, 좁은 계단을 올라갈 때
는 남성이 여성보다 앞서거나 내려갈 때는 여성이 앞서는 것이 에티
켓이다. 다만 계단이 급하거나 미끄러울 때는 남성이 먼저 내려가겠
다고 양해를 구하고 여성보다 앞선다.

③ 승강기를 탈 때는 내리는 사람이 전부 나온 후 타는 것이 상식이
며, 언제나 남성은 아주 복잡하지 않는 한 여성이나 어린이 그리고
노인을 앞세운 후에 타고 내리는 것이 예의이다.

④ 길을 걸을 때나 앉을 때에 남성은 언제나 여성을 우측에 모시는것
이 에티켓이다. 그러나 차도 옆 보도에서는 여성이 좌측이 되더라도
남성이 차도쪽으로 걸어야 한다.

⑤ 겨울철에 여성이 외투를 입고 벗을 때는 꼭 도와 주어야 한다. 식

당이나 극장에서 외투를 벗어 라커룸에 맡길 때나 찾을 때도 남성이 맡기고 찾는 것이 예의이다.

⑥ 자동차, 기차, 버스 등을 탈 때는 일반적으로 여성이 먼저 타고 내릴 때는 남성이 먼저 내려 필요하면 여성의 손을 잡아 주는 것이 에티켓이다. 그러나 여성이 타이트스커트나 미니스커트 또는 이브닝드레스 등을 입고 있을 때는 남성에게 '먼저 타세요' 하고 권하는 것이 좋다. 비행기는 언제나 여성이 먼저 타고 먼저 내린다.

(2) 레이디 퍼스트의 태도

숙녀 대접을 받는 여성으로서 지켜야 할 매너가 있다. 서양 에티켓에서는 숙녀는 오만불손(傲慢不遜)해서는 안되며 언제나 친절, 선의, 품위, 청명(聽明), 절도(節度), 예의 등을 갖고 우아하고 아름답게 행동할 것을 강조하고 있다. 여성들은 평소에 늘 교양있는 숙녀가 되기 위하여 꾸준히 노력해야 한다. 한국 여성들 중에는 레이디 퍼스트 대접을 받을 때 오랫동안의 관습 탓으로 친절을 그대로 받아들이지 못하고 우물쭈물 눈치를 살피는 사람이 적지 않다. 그러나 그럴 필요는 없고 또 그래서도 안 된다. 숙녀존중을 받으면 미소를 짓고 '고맙습니다' 하면서 가볍게 목례를 하고 부담없이 호의를 받는 것이 옳고 또 보기에도 좋다.

7. 교회에서의 예절

1) 성도 간의 위계

성도 간의 예절은 하나님의 자녀들끼리 서로를 위하는 행위로서 하나님을 기쁘게하며 영광을 드리기 위함이기 때문에 꼭 필요한 것으로 예

절을 이야기하자면 석차 문제를 들 수 있다. 일반사회 예절은 오랜 생활
습관으로 그런대로 잘 지켜지고 있으나 기독교 내에서의 예절은 석차
기준이 제대로 마련되어 있지 못한 것 같다. 그 이유로 총회수련회 등
모임에 가면 후배 목사들이 선배 목사 대접을 안 한다고 불평이 있는가
하면, 어느 교회 당회 사무실에 가면 의자에 장로 이름을 부착하여 놓은
것으로 보아 이미 오랜 사회생활 속에서 경험한 위계에 대한 혼돈이 있
는 것 같다.

　필자도 신학교 재학중 윤리교수님께 젊은 목회자나 장로가 나이 드신
성도에게 먼저 악수를 청할 수 있느냐고 질문한 기억이 난다. 그 당시
교수님으로부터 명쾌한 답을 들은 기억은 없다. 그런 필자가 기독교 생
활예절에서 기독교인의 석차 기준을 정식으로 언급하자니 아이러니하
게 느껴질 뿐이다. 기독교 의식행사의 석차는 2장의 공통예절에서 논했
기 때문에 여기서 구체적인 언급은 생략하고 석차에 따른 교회 내에서
의 예절을 다루고자 한다.

2) 교회 내 평상시 예절

　이 부분에서는 적극적인 인사 방법으로 악수를 예로 든다. 담임목사
석차는 1순위가 되기 때문에 연령이 많고 적음을 떠나 누구에게나 먼저
악수를 청하여 인사할 수 있는 위치이다. 장로 간에는 연령을 떠나 안수
받은 순서가 빠른 장로가 선임이기 때문에 어느 장로에게든지 먼저 악
수를 청할 수 있는 위치가 된다. 따라서 안수집사나 평신도에게는 당연
히 장로가 연령을 떠나 먼저 악수를 청할 수가 있다. 그렇다면 나이 많
은 노인 성도가 젊은 목사나 장로에게 먼저 악수를 청할 때, 이때는 사
회 통념상 부모가 자식에게, 형(兄)이 아우에게, 사랑스럽게 베푸는 감
정으로 이루어지는 행위이므로 고맙게 받아들이는 것이 교회에서의 아

름다운 교제라고 생각된다.

안수집사의 경우도 안수받은 순서가 빠른 집사가 선임이기 때문에 선임자는 안수집사 누구에게든지 먼저 악수를 청할 수가 있지만 장로에게는 내석차순에서 장로가 위이기 때문에 결례가 된다. 성도와 성도 간에는 사회석차에 의하여 행하되, 같은 동성의 경우에는 나이많은 성도가 먼저 청하는 것이 예의지만 상대 남자 성도가 손위일 경우에는 남자 성도가 먼저 악수를 청하는 것이 올바른 예절이다. 특히 악수를 하면서 왼손으로 상대의 오른손등을 덮어 쥐면 실례이다. 그러나 나이많은 성도가 하는 것은 깊은 정의 표시로 받아들이는 것이 웃어른에 대한 도리라 하겠다.

3) 예배시 예절

예배드리는 성도의 몸가짐은 그 성도의 신앙의 태도를 나타내는 척도라고 본다. 그러므로 예배드릴 때에는 신령과 진정으로 시작부터 끝까지 오직 하나님께 영광돌리며 자신의 마음을 열어 놓고 은혜받으려는 간절함이 있을 때만이 경건한 예배가 이루어진다.

예배의 시작을 위해 기도드릴 때는 교회에 입장하지 말고 문 앞에서 같이 기도드린 후 기도가 끝난 다음에 조용히 들어가 예배에 참석함이 하나님에 대한 바른 예절이라 하겠다. 예배가 시작되면 하나님께 경배하는 시간이므로 성도 상호 간에 인사하여서는 안 되며, 특히 앞과 옆에 앉은 성도와의 대화는 보기에도 좋지 않을 뿐만 아니라, 단 위의 목사님이 볼 때도 정신이 산만해지고 주위 성도에게도 은혜가 되지 않기 때문에 삼가해야 한다.

의자에 앉아 예배드릴 때 신을 벗어 발을 앞의자에 얹는 행위는 냄새가 나서 불쾌감을 주고 보기에도 민망하고, 하나님 앞에 예배드리는 몸가짐이라 볼 수 없다. 교회의 대부분은 긴의자를 중심으로 양편에 통로가 있기 때문에 처음 앉는 성도가 의자 중앙에 앉아야 늦게 오는 성도가 순서대로 양편에 앉기가 편리하다. 의자 중심으로 한 편은 벽쪽이고 반대편은 통로일 경우 처음 앉은 성도가 벽쪽으로 들어가 앉아야 좌석 정리 안내원이 필요없게 된다. 어린 아기를 동반한 성도는 통로쪽에 앉으면 어린 아기가 통로에 나가 뛰어 놀면 설교자가 설교중에 신경을 쓰게 되므로 양편 창쪽(벽)에 앉았다가 아기가 보채면 밖으로 데리고 나가서 진정시킨 후 다시 들어와 예배드리는 것이 바람직하다.

또한, 예배중에 습관적으로 시계를 보는 성도가 있는데, 단상 위에 설교자 입장에서 보면 '설교가 길다' 또는 '은혜스럽지 않다'는 행위로 보여서 불쾌하고 당황하게 되니 삼가해야 한다.

축복기도가 끝나기도 전에 나가는 성도가 있는데 이는 기도에 방해가 될 뿐만 아니라, 경건히 드려야 할 예배의 행위도 아니다. 축복은 이스라엘의 제사 가운데 필수적인 요소였으며 언약적인 규례에서는 저주와 함께 기록되었다(신11:29, 수8:34).

특히 잘 알려진 제사적인 축복은 아론과 그 자손들에게 내린 축복이다(민6:22~27). 한 개인의 특별한 임무를 위해서나 모범적인 삶을 살아서 축복을 받는 경우도 있지만, 신앙적인 삶을 살지 못할 때는 축복이 저주로 바뀔 수도 있다(말2:2). 이와 반대로 저주가 변하여 축복이 되는 경우도 있다(신 23:5, 삿 17:2). 그러므로 예배시에 축복기도는 제사의 전부이기 때문에 꼭 참석하여야 한다. 이것이 예배의 참모습이다.

4) 성도 가정의 애경사(哀慶事)

초대 교회에서도 "믿는 사람이 함께 있어 모든 물건을 서로 통용하고 또 재산과 소유를 팔아 각 사람이 필요에 따라 나눠 주고 날마다 마음을 같이하여 '성전에 모이기를 힘쓰고 집에서 떡을 떼며 기쁨과 순전한 마음으로 음식을 먹으며"(행 2:44~46), 하나님을 찬미한 것처럼 성도 가정의 애경사에는 모두가 기쁜 일은 축하하고, 슬픈 일은 위로하며 구제에 힘써야 신앙에 도움이 되는 것이다.

성도 가정의 자녀 혼인시에는 대부분 예식장에서 혼인예식을 올리지만 교회에서의 혼인예배시는 경조부에서 주관이 되어 음식 준비에서 배식까지 도와 주어야 한다. 또 성도 가정에 상(喪)을 당하였을 때나 임종의 경우에는 구역장 또는 권찰, 가족 대표의 서투른 설교보다는 임종을 앞둔 분이 평소 즐겨 부르던 찬송이나 성경봉독을 하는 것이 바람직하다. 그리고 입관, 발인, 하관예배는 담임목사님이 집례하게 되니 상조부에서는 조를 편성하여 유족들이 힘든 일을 하지 않도록 도와 주고 위로해야 한다. 특히 성도 가정에 어려운 일이 있을 때 찾아가 위로할 일과 물질적으로 구제할 일이 있을 때에는 성도의 자존심을 상하지 않게 조심스럽게 위로하고 구제하여야 피차 은혜가 된다고 하겠다.

IV. 가정예절

1. 촌수(寸數)와 계보(系譜)

1) 촌수와 질서

친척에 대한 촌수를 알지 못하면 어린이는 물론이고 심지어 어른도 정확한 호칭을 모르고 그저 친척이라고 얼버무리는 사람이 있는가 하면 동성동본(同姓同本)인 일가끼리도 동성다본(同姓多本)에 쓰는 종씨라고 부르는 사람이 있다. 그러므로 촌수 따지는 법을 제대로 앎으로써 친척 간에 위계 질서와 예절을 갖추게 된다.

2) 가족의 범위

(1) 좁은 의미 · 법률적으로는 한 호적에 실려 있는 범위

(2) 넓은 의미 · 한 핏줄이고 한 살붙이인 모든 핏줄

(3) 조부자(祖,父,子)의 계촌도(系寸圖)

3) 촌수 따지는 법

(1) 아버지와 어머니는 촌수가 없다.

(2) 부모와 자녀 사이에는 1촌, 형제 간에는 2촌.

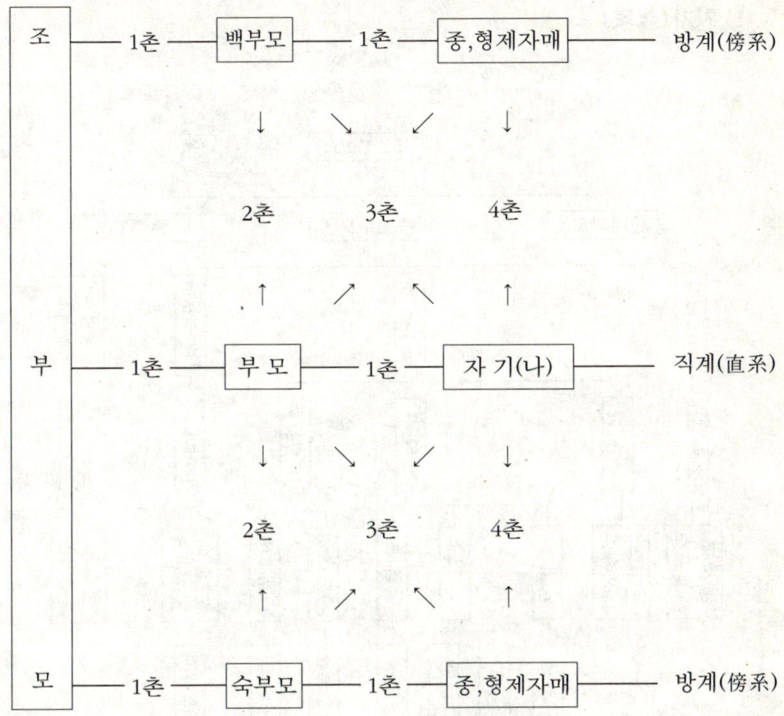

〈조부자(祖,父,子)의 계촌도(系寸圖)〉

(3) 고조가 같으면 8촌, 증조가 같으면 6촌.

  - 4촌 형은 종형, 사촌 동생은 종제.

  - 5촌 숙은 종숙(당숙), 5촌 조카는 종질(당질).

  - 6촌 형은 재종형, 6촌 동생은 재종제.

  - 7촌 숙은 재종숙, 7촌 조카는 재종질.

  - 8촌 형은 삼종형, 8촌 동생은 삼종제.

  - 할아버지의 형제는 종조부.

  - 할아버지의 4촌 형제는 재종조부.

① 친가(親家)

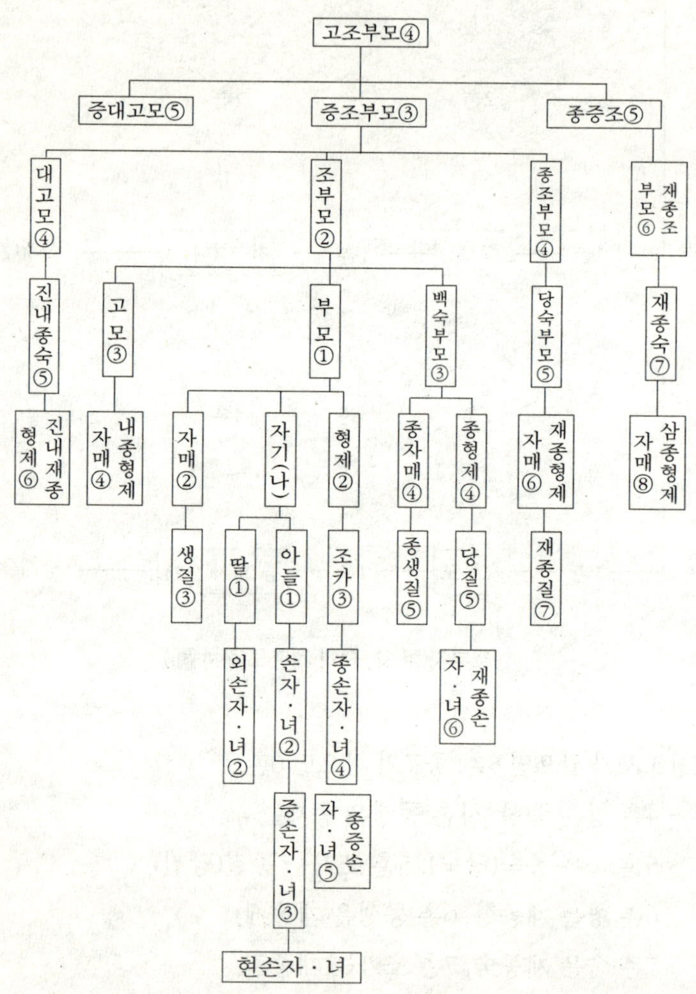

■ 4, 5촌은 '종'이라 하고, 6, 7촌은 '재종'이라 하고, 8, 9촌은 '삼종'이라 한다.

② 외가(外家)·처가(妻家)의 촌수는 아내와의 촌수로 따진다.

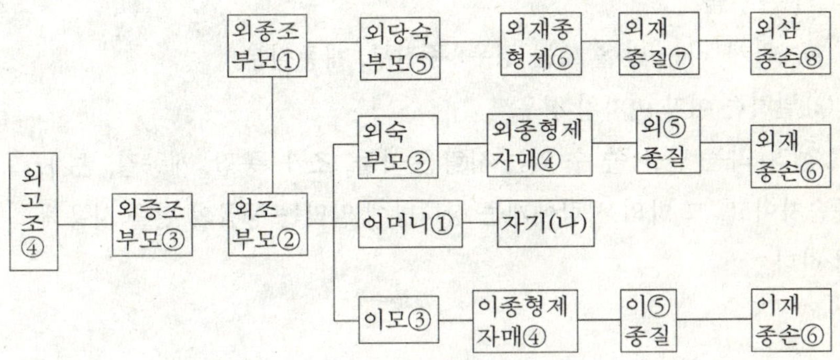

4) 나

'나' 또는 '내' 라는 말은 본당 사람 말 앞에만 사용하되 듣는 이가 하급일 경우에 한한다.

- 듣는 이가 하급일 때 : 내 아들, 내 며느리 등
- 듣는 이가 동급일 때 : 우리 아들, 우리 며느리 등
- 듣는 이가 상급일 때 : 저의 아들, 저의 며느리 등

5) 나이와 항렬

8촌 안에서는 항렬이 나이보다 앞서고, 9촌이 넘으면 나이가 항렬보다 앞선다.

6) 남녀 사이 말하기

(1) 말하는 사이가 남자일 경우

- '해라' 라는 말을 쓰는 경우: 누이, 딸, 며느리, 질부, 손부, 종손부

- '습니다' 라는 말을 쓰는 경우: 외사촌, 고종, 이종의 며느리와 처제, 처남, 처남의 며느리(처질부)와 처남의 딸(처질녀), 외사촌의 손부들.
- '하게' 라는 말을 쓰는 경우: 종질부, 재종질부.

(2) 말하는 이가 여자일 경우

'해라' 라는 말을 쓸 수 있는 사람은 아들, 조카, 종질, 재종질, 손자, 종손자이고, 그 밖의 사람에게는 상대방에 알맞는 등급의 말을 사용해야 한다.

2. 주의해야 할 말

(1) '아빠, 엄마'

젖먹이 말로서 아이가 다섯 살이 되면 '아버지, 어머니' 로 바꾸어 쓰도록 한다.

(2) '~요' ("요"로 끝나는 말)

'하요말' 로, 가정에서는 안 쓴다.

예) '아버지 가세요, 식사하세요, 신문 읽으세요' 등은 남남 사이에 쓰는 말이며, 남이라도 서로 앎이 두터우면 이런 말을 쓰지 말아야 한다. "습니다"라는 말을 쓰는 훈련이 필요하다.

(3) 집안 이야기에 대한 주의

① 처가(妻家)사람에게는 자기의 집안 이야기를 하지 않으며, 자기 집안 사람에게는 처가 이야기를 하지 않는다.

② 시집에서는 친정의 이야기를 하지 않고, 친정에서는 시집의 이야기를 하지 않으며, 밖에 나가서는 자기 남편, 자식의 이야기를 하지 않는다.

⑷ '하게' 라는 말을 쓰는 경우

형이 아우에게, 누나가 동생에게, 오라버니댁이 시누이댁에게, 윗며
느리가 그 아래에게, 족숙(族叔)이 족질(族姪)에게, 시외삼촌이 생질
부에게, 장모가 사위에게, 종질부, 재종질부에게 한다.

⑸ 혼동해서 부르기 쉬운 말

  - '자형' → 누나의 남편(매형과 자형을 같은 말로 쓸 수 없다.)
  - '매부' → 누이의 남편(○서방이라 불러야하고 매부를 '제매'
라 해서도 안 된다.)
  - '장인' → 아내의 친정 아버지를 '장인어른' 이라 부른다.
  - '장모' → '장모님' 으로 부른다.
  - '아버님, 어머님' 은 며느리가 시아버지, 시어머니를 부르는 말
이다.

⑹ 동서(同壻)

① 남자의 경우

아랫동서가 윗동서를 '형님' 이라고 불러서는 안 된다. 취객들은 여
덟살까지 서로 벗이다. ○서방이라 부르고 서로 '하게말' 을 사용하고
아홉살 이상 나이 차이가 나는 동급취객에게 '동서' 라 부르고 '하소
말' 을 사용한다.

② 여자의 경우

아랫동서는 윗동서를 보고 '형님' 이라 한다. 윗동서는 아랫동서를 부
를 때 '○○댁' 이라고 불러야 함에도 불구하고 관계를 나타내는 말
인 '동서' 라는 말로 불러서는 안 된다.

③ 형부가 처제에게 말을 함부로 해서는 안 된다. '~습니다' 라고 삼
가말을 써야 한다.

④ 손자는 손주가 아니다. 손주라는 말은 하인이 쓰던 말이다.

⑤ 친당과 척당에게는 '님' 자를 붙여서는 안 된다.

아버님은 아버지의 존칭이 아니다(사전에는 그렇더라도). 며느리가 시부모에게 쓰는 말이다.

⑥ 시누이의 남편은 관계어로 시매부이다. 시매부를 부르는 호칭은 아주버님이다.

⑦ 친누나는 '누나' 라고 부른다. 누님이 아니다. 4촌 밖은 'ㅇㅇ누나' 라고 부른다.

⑧ 시동생, 시누이, 남편

틀린 말	바른 말
시동생을 '삼촌'	■ 총각 때는 '되렴' →결혼 후 '서방님'
시누이를 '고모'	■ 처녀 때는 '아가씨' →결혼 후 시집의 성을 따라 'ㅇ서방댁'
자기 남편을 '아빠'	■ 어른에게는 생략한다. (예: 아버님, 퇴근이 늦겠다고 합니다) ■ 자녀들에게 '너의 아버지가~' 라고 한다. ■ 가정이 아닌 경우, '우리집 바깥 양반, 우리집 바깥주인' 이라고 한다.

5장
가정의례

Ⅰ. 성년예식(成年禮式)

1. 관례(冠禮)

우리 나라 고유의 성년식(成年式)으로서 남자가 15~20세가 되면 한 해가 시작되는 좋은 날을 택하여 세 번 관을 씌우는 삼가례(三加禮), 어른이 술을 내리는 초례(醮禮), 자(字)를 지어 주는 가자례(加字禮)의 순으로 성인이 되었음을 하늘에 고하는 풍습이 있었다.

한 예로 초가(初加)에서는 입고 있던 사규삼(四揆杉)을 심의(深衣)로 갈아 입고 상투를 틀어 망건을 쓰던 예식이 갑오경장(甲午更張) 때의 단발령(斷髮令) 이후에 완전히 모습을 감추고 말았다.

2. 계례(筓禮)

여자는 혼처를 정했거나 정하지 않았더라도 15세가 되면 쪽을 지고 비녀를 꽂는 계례를 올렸다. 계례는 머리를 쪽지어 비녀를 꽂고 화관(花冠)을 한 번만 세우며 초례로 술을 내리고 가자례로 자(字)를 지어 주고 관례에서와 같이 성인이 되었음을 하늘에 고하는 풍습이었다.

조선 중엽까지 사대부 집안에서 널리 행하여졌으나 조혼(早婚)의 풍
습이 성행하면서 이러한 풍습은 사라졌다.

3. 현대의 성년례(成年禮)

관례와 계례를 땋아 내리던 머리를 올려 남자는 상투를, 여자는 쪽을
지어 비녀를 꽂는 외형적인 데 있지 않고, 책성인지례(責成人之禮)라고
해서 성인으로서의 책무를 일깨우는 데 그 참목적이 있었다.

현대사회가 복잡다양해짐으로 아이다운 아이가 없고, 어른다운 어른
이 없어 청소년 문제가 심각한 이때, 남녀 모두 성년이 되는 나이 만 20
세가 되면 목사님이나 학문과 덕망을 갖춘 존경할 만한 어른을 모시고
그 집례하에 성년식을 거행함으로서 성인으로서의 긍지와 사회에 대한
책임을 느끼게 하고 한 몫의 정당한 권리를 향유함과 아울러 신성한 의
무를 가지도록 민법이 정하고 있다. 또 신록이 우거지는 매년 5월 셋째
주 월요일을 '성년의 날'로 정하여 1973년부터 정부나 단체에서 여러
가지 행사를 치르고 있다.

4. 지침

(1) 가정에서 개별적으로 성년예식을 할 때에는 만 20세가 되는 생일
날이 좋다.

(2) 사회에서 단체로 할 때는 매년 5월 셋째 주 월요일이다.

(3) 교회에서 단체로 할 때는 매년 5월 셋째 주 주일이 좋다.

(4) 믿는 사람은 신앙인으로 마음의 결단을 새롭게 하여 이제부터 삶
을 하나님께 맡기면서 생활할 것을 서약한다.

5. 성년예식 순서

(1) 개식사 ······································· 맡은이
이제부터 하나님께서 ○○○의 생명을 20년 전에 허락하시고 성
인이 될 수 있도록 오늘날까지 보호하신 것을 하나님께 먼저 감사
하며 예배드리겠습니다.

(2) 찬송 ·· 다같이
 - 303장(가슴마다 파도친다)
 - 430장(내 선한 목자)
 - 431장(내 주의 뜻대로)

(3) 기도 ·· 맡은이
생명의 근원이신 하나님! ○○○에게 생명을 주시고 성인이 될 수 있
도록 인도하여 주신 것을 감사드립니다. 오늘 하나님의 말씀을 듣고
새로운 각오로 살아가게 하여 주시옵소서. 신앙의 기초 위에 모든 덕
(德)을 더하여 삶의 의미와 참된 기쁨을 깨달아 주님을 위하고 교회
를 위하고 나라와 민족을 위해 크게 기여할 수 있게 하여 주시옵소
서. 예수 그리스도의 이름으로 기도합니다. 아멘.

(4) 성경 ·· 집례자

●내 신앙이 예수님을 닮도록(에베소서 4:13~16)●

이제 육체적으로 성년을 맞아 하나님께 예배드립니다. 지금까지 생명을 허락하시고 살게 하신 하나님께 감사하며 더욱 성장하여 예수님의 모습을 닮도록 노력해야 합니다.

① 성년이 되는 날로 선거권을 가지며, 법적으로는 자기 행위에 대한 완전한 능력자로 인정받는 날입니다. 성년이 된다는 것은 쉬운 일이 아닙니다. 결혼하여 상투만 틀면 어른이 되던 시대도 아닙니다. 육체적 성숙에 앞서 정신적 성숙이 이루어져야 합니다.

② 예수님을 믿고 마음의 평안을 얻고 어떤 유혹에도 흔들림 없이 예수님의 모습을 닮도록 항상 기도하며 생활합시다.

③ 예수님을 믿는 자는 예수님이 어떤 분인지 알아야 증거할 수 있습니다. 예수님을 증거하기 위해서는 항상 성경을 가까이 해야 합니다.

④ 말로만 예수님을 믿지 말고 믿는 자는 말씀대로 행함으로 믿지 않는 사람들에게 살아계신 하나님을 증거하는 행동을 합시다.

(5) 서약과 선언 ·························· 성년자, 집례자

① 성년 서약(성년자)

■ 성년자 : ○ ○ ○

■ 생년월일 : 19 년 월 일

나는 이제 성년이 됨에 있어서 오늘이 있게 하신 하나님과 부모님의 은혜에 감사하고 자손의 도리를 다할 것을 맹세하며 완전한 사회인으로서 정당한 권리에 참여하고 신성한 의무에 충실해 어른으로서의

도리를 다하며 믿는 사람으로 믿음, 소망, 사랑 가운데서 내 삶을 오직 주께 맡기면서 생활할 것을 엄숙히 서약합니다.

년　월　일

성년자 : ○ ○ ○ 　서명

② 성년 선언(집례자)

■ 성년자: ○ ○ ○

■ 생년월일: 년　월　일생

그대는 이제 성인이 됨에 있어서 자손으로서의 도리를 다하고 완전한 사회인으로서의 정당한 권리와 신성한 의무에 충실하며 신앙인으로 믿음, 소망, 사랑 가운데 삶을 오직 주께 맡기면서 생활할 것을 성부와 성자와 성령의 이름으로 선포하노라. 아멘.

(6) 기도 ··· 집례자

청년 때에 조물주를 기억하라고 권고하신 하나님 아버지! 이 시간 이 나라의 미래를 짊어질 ○○○청년을 기억하여 주시옵소서. 좋은 성품, 바른 양심, 참된 인생관, 건전한 가치관, 정직한 사고력으로 인생을 살아가게 하여 주시옵소서. 하나님의 뜻을 순종하며 젊음의 꿈과 열정을 주님을 위하여, 교회를 위하여, 그리고 조국을 위하여 바치게 하시고 가정에서 기쁨이 되며 사회에서는 덕이 되고 국가에 보탬이 되는 복된 청년이 되게 하옵소서. 예수 그리스도의 이름으로 기도하옵니다. 아멘.

(7) 축도(주기도문) ······································· 다같이

Ⅱ. 약혼예식(約婚禮式)

1. 사마온공의 의혼의 훈계

혼인을 결정함에 있어 고금리 철리(哲理)가 되는 송(宋)나라 학자 사마온공(司馬溫公)의 사례편람(四禮便覽)을 음미해 보기로 한다.

司馬溫公의 議婚의 訓戒

혼인을 의논함에 있어서 염두에 두어야 할 것은 신랑, 신부의 성행(性行)과 가법(家法) 여하를 살펴서 정해야지 부귀영에 괘념하지 말 것이다. 지금 비록 가난하고 천(賤)하나 다른 때에 부(富)하고 귀(貴)하여질지 누가 알겠는가. 신부를 잘 맞이하고 못 맞이하는 것은 집안이 성(盛)하여지고 쇠(衰)하여지는 관건이 되는 것이니, 일시 부하고 귀한 것을 보고 장가들었다가 그 부귀하다는 텃새로 남편을 가볍게 여기고 시부모에게 오만한 일이 있기 쉬우니 이렇게 오만함과 투기함을 길렀다가 후일에 화를 입지 말아야 할 것이다. 설령 덕(德)으로 치부하는 일이 있고 신부의 세도로 귀하게 되는 일이 있다 하여도 신부의 덕으로 치부하고 출세하는 것은 대장부의 기개로서 어찌 부끄러운 일이 아니겠느냐.

『冠婚喪祭百科』에서 인용한 말

2. 약혼예식 절차

1) 가정의례 준칙에 의한 기독교식 절차

약혼은 당사자가 합의한 후 호적등본과 건강진단서를 첨부한 별지양식에 의한 약혼서를 교환한다. 약혼예식은 생략하고 양가 부모와 함께 간단한 식사를 하면서 혼인 준비에 대한 대화를 나눔으로 자연스러운 상견례가 되도록 한다. 다만 두 사람이 혼인할 의사는 있으나 부득이한 사정으로 약혼 기간이 길어지는 경우에는 합법적인 절차로써 약혼예식을 한다. 그 절차로 당사자가 합의한 후 호적등본과 건강진단서를 첨부하여 약혼서를 교환한다. 약혼식을 했다고 해서 결코 혼인한 사이가 아님을 명심하고 순결을 지키며 아름다운 혼인식을 준비하는 마음으로 기도해야 한다. 약혼식은 목사를 모시고 해도 좋고 양가의 가족들이 모여 서로 언약을 맺는 절차이므로 간단히 할 수도 있다.

2) 약혼예식에서의 자리 배치

〈약혼서〉

본적:
주소:
성명:　　　　　　　　　생년월일　년　월　일

본적:
주소:
성명:　　　　　　　　　생년월일　년　월　일

위의 두 사람이 결혼할 것을 하나님과 가족 앞에서 약속합니다.

● 첨부: 1. 호적 등본 1통
　　　　 2. 건강 진단서 1통

약혼자　　남　　(印)
　　　　　여　　(印)

동의자　　남자측
　　　　　여자측

⑴ 양가 모친의 좌석은 여자를 보호하는 뜻에서 안쪽에 배치한다.

⑵ 주례자가 남자측이면 남자측에 서고, 여자측이면 여자측에 서서 주례를 하고 양쪽과 관계가 되면 적당히 자리를 잡으면 된다.

⑶ 가정집에서 할 경우는 격식을 따지지 말고 그 방에 알맞게 미리 배치하여 앉으면 된다.

3) 약혼예식 순서

⑴ 1부 예배

① 예식사 ··· 주례자

오늘 하나님 앞에서 택함을 받은 두 젊은이의 약혼예배를 드리겠습니다.

② 예배의 부름 ·· 주례자

(성구는 가정과 남편, 아내 등에 관한 내용)

③ 찬송 ·· 다같이

28장, 434장(각 장 중 선택하여 1절만 찬송해도 된다.)

④ 기도 ·· 주례자

⑤ 성경 ·· 주례자

■ 믿음, 소망, 사랑의 열쇠 3개(고린도전서 13장)

■ 완전한 약속(호세아 2:19~20)

■ 약속의 언약(에베소서 2:11~13)

■ 복 있는 자(시편 1:1~3)

■ 진리의 순종(베드로전서 1:22~23)

■ 나는 포도나무요(요한복음 15:1~7)

■ 이삭의 약혼(창세기 24:50~60)

⑥ 말씀 ……………………………………………………………… 주례자
생략해도 좋고, 설교할 경우에는 짧게(5분) 한다.
⑦ 서약 ……………………………………………………………… 주례자
먼저 양쪽 부모에게 시키고, 그 다음에 당사자들에게 시킨다.
■ 주혼자들에게
문 : 오늘 이루게 되는 이 두 사람의 약혼은 인류의 생사화복을 주장
하는 하나님의 뜻 가운데 이루어지는 것임을 확신하고 기쁜 마음으
로 허락하십니까?
답 : 남자측 부모, 여자측 부모 순으로 답한다.
■ 당사자
본인들은 주례자의 물음에 남자, 여자 순으로 "예" 라고 답한다.
 · 나 ○○○는 ○○○양과 약혼하는 이 시간부터 하나님을 섬기
는 성도의 신분을 깨끗하게 지키면서 혼인할 날을 위하여 기도하
면서 정성을 다하여 준비하겠습니다.
 · 나 ○○○는 ○○○군과 약혼하는 이 시간부터 하나님을 섬기
는 성도의 신분을 깨끗하게 지키면서 혼인할 날을 위하여 기도하
면서 정성을 다하여 준비하겠습니다.
⑧ 예물 교환
약혼 예물은 당사자 간에 교환하는 것으로 약혼반지는 가장 소중하
고 두 사람이 처음으로 받는 선물이기도 하다. 너무 값진 것은 허영
일뿐이다. 요즈음 젊은이들은 지혜롭게 18K 쌍가락지를 나누어 끼는
그 모습이 참 소박하고 멋져 보인다. 약혼반지 안쪽에 서로의 이름의
약자와 약혼 일자를 새겨 남자가 먼저 여자의 왼손 가운데 손가락에
끼워 주고 다음에 여자가 남자에게 끼워 준다.
⑨ 기도 ……………………………………………………………… 주례자

⑩ 선언 ··· 주례자
○○○군과 ○○○양, 두 사람은 이 시간부터 약혼자로서 혼언식
까지 교제하며 준비하게 된 것을 하나님과 여러 증인 앞에 선포합
니다.
⑪ 찬송 ··· 다같이
23장, 433장(각 장 중 선택하여 1절만 해도 된다.)
⑫ 폐회기도(주기도문) ·································· 다같이

(2) 2부 예배

① 축하케익 자르기: 양가 어머니들이 초에 불을 붙인 다음 불을 약혼
자 둘이 함께 끄도록 하고 여자의 손 위에 남자의 손을 얹어 케익을
자른다.

② 인사: 양측 가족 대표가 소개한다. 여자측을 먼저 소개한 후 남자
측을 소개한다. 대화시 친한 사이라도 언동을 조심한다.

③ 식사 기도

④ 축하 순서: 남자측과 여자측의 형제 자매가 축가를 부른다. 다음
주인공의 합창 또는 독창순으로 진행한다. 양가 상견례 장소이므로
간단하게 하는 것이 매끄럽고 좋다.

⑤ 폐회 기도

⑥ 폐회: 양가 부모와 주인공이 먼저 퇴장하여 현관에서 "고맙다"는
인사를 하여야 한다.

약혼식 성경 말씀은 아래 기록한 성경구절 중에서 낭독한다

●믿음, 소망, 사랑(고린도전서 13장)●
내가 사람의 방언과 천사의 말을 할지라도 사랑이 없으면 소리 나는

구리와 울리는 꽹과리가 되고 내가 예언하는 능이 있어 모든 비밀과 모든 지식을 알고 또 산을 옮길 만한 모든 믿음이 있을지라도 사랑이 없으면 내가 아무 것도 아니요 내가 내게 있는 모든 것으로 구제하고 또 내 몸을 불사르게 내어 줄지라도 사랑이 없으면 내게 아무 유익이 없느니라 사랑은 오래 참고 사랑은 온유하며 투기하는 자가 되지 아니하며 사랑은 자랑하지 아니하며 교만하지 아니하며 무례히 행치 아니하며 자기의 유익을 구치 아니하며 성내지 아니하며 악한 것을 생각지 아니하며 불의를 기뻐하지 아니하며 진리와 함께 기뻐하고 모든 것을 참으며 모든 것을 믿으며 모든 것을 바라며 모든 것을 견디느니라

사랑은 언제까지든지 떨어지지 아니하나 예언도 폐하고 방언도 그치고 지식도 폐하리라 우리가 부분적으로 알고 부분적으로 예언하니 온전한 것이 올 때에는 부분적으로 하던 것이 폐하리라 내가 어렸을 때에는 말하는 것이 어린아이와 같고 깨닫는 것이 어린아이와 같고 생각하는 것이 어린아이와 같다가 장성한 사람이 되어서는 어린아이의 일을 버렸노라 우리가 이제는 거울로 보는 것 같이 희미하나 그 때에는 얼굴과 얼굴을 대하여 볼 것이요 이제는 내가 부분적으로 아나 그 때에는 주께서 나를 아신 것 같이 내가 온전히 알리라 그런즉 믿음, 소망, 사랑, 이 세 가지는 항상 있을 것인데 그 중에 제일은 사랑이라.

●완전한 약속(호세아 2:19~20)●

내가 네게 장가들어 영원히 살되 의와 공변됨과 은총과 긍휼히 여김으로 네게 장가들며 진실함으로 네게 장가들리니 네가 여호와를 알리라.

●약속의 언약(에베소서 2:11~13)●

그러므로 생각하라 너희는 그 때에 육체로 이방인이요 손으로 육체에

행한 할례당이라 칭하는 자들에게 무할례당이라 칭함을 받는 자들이라 그 때에 너희는 그리스도 밖에 있었고 이스라엘 나라 밖의 사람이라 약속의 언약들에 대하여 외인이요 세상에서 소망이 없고 하나님도 없는 자이더니 이제는 전에 멀리 있던 너희가 그리스도 예수 안에서 그리스도의 피로 가까워졌느니라.

● 복 있는 자(시편 1:1~3) ●

복 있는 사람은 악인의 꾀를 좇지 아니하며 죄인의 길에 서지 아니하며 오만한 자의 자리에 앉지 아니하고 오직 여호와의 율법을 즐거워하여 그 율법을 주야로 묵상하는 자로다 저는 시냇가에 심은 나무가 시절을 좇아 과실을 맺으며 그 잎사귀가 마르지 아니함 같으니 그 행사가 다 형통하리로다.

● 진리의 순종(베드로전서 1:22~23) ●

너희가 진리를 순종함으로 너희 영혼을 깨끗하게 하여 거짓이 없이 형제를 사랑하기에 이르렀으니 마음으로 뜨겁게 피차 사랑하라 너희가 거듭난 것이 썩어질 씨로 된 것이 아니요 썩지 아니할 씨로 된 것이니 하나님의 살아 있고 항상 있는 말씀으로 되었느니라.

● 참 포도나무(요한복음 15:1~7) ●

내가 참 포도나무요 내 아버지는 그 농부라 무릇 내게 있어 과실을 맺지 아니하는 가지는 아버지께서 이를 제해 버리시고 무릇 과실을 맺는 가지는 더 과실을 맺게 하려 하여 이를 깨끗케 하시느니라 너희는 내가 일러 준 말로 이미 깨끗하였으니 내 안에 거하라 나도 너희 안에 거하리라 가지가 포도나무에 붙어 있지 아니하면 절로 과실을 맺을 수 없

음 같이 너희도 내 안에 있지 아니하면 그러하리라 나는 포도나무요 너
희는 가지니 저가 내 안에, 내가 저 안에 있으면 이 사람은 과실을 많이
맺나니 나를 떠나서는 너희가 아무 것도 할 수 없음이라 사람이 내 안에
거하지 아니하면 가지처럼 밖에 버리워 말라지나니 사람들이 이것을 모
아다가 불에 던져 사르느니라 너희가 내 안에 거하고 내 말이 너희 안에
거하면 무엇이든지 원하는 대로 구하라 그리하면 이루리라.

●이삭의 약혼(창세기 24:50~60) ●

라반과 브두엘이 대답하여 가로되 이 일이 여호와께로 말미암았으니
우리는 가부를 말할 수 없노라 리브가가 그대 앞에 있으니 데리고 가서
여호와의 명대로 그로 그대의 주인의 아들의 아내가 되게 하라 아브라
함의 종이 그들의 말을 듣고 땅에 엎드리어 여호와께 절하고 은금 패물
과 의복을 꺼내어 리브가에게 주고 그 오라비와 어미에게도 보물을 주
니라 이에 그들 곧 종과 종자들이 먹고 마시고 유숙하고 아침에 일어나
서 그가 가로되 나를 보내어 내 주인에게로 돌아가게 하소서 리브가의
오라비와 그 어미가 가로되 소녀로 며칠을 적어도 열흘을 우리와 함께
있게 하라 그 후에 그가 갈 것이니라 그 사람이 그들에게 이르되 나를
만류치 마소서 여호와께서 내게 형통한 길을 주셨으니 나를 보내어 내
주인에게 돌아가게 하소서 그들이 가로되 우리가 소녀를 불러 그에게
물으리라 하고 리브가를 불러 그에게 이르되 네가 이 사람과 함께 가려
느냐 그가 대답하되 가겠나이다 그들이 그 누이 리브가와 그의 유모와
아브리함의 종과 종자들을 보내며 리브가에게 축복하여 가로되 우리 누
이여 너는 천만 인의 어미가 될지어다 네 씨로 그 원수의 성문을 얻게
할지어다.

III. 혼인예식(婚姻禮式)

1. 혼인과 결혼의 뜻은 다르다

우리 나라 헌법이나 민법 등의 모든 법률과 성경에서도 '결혼(結婚)'
이라는 말은 쓰여 있지 않고 '혼인(婚姻)'이라고 쓰여져 있다.

'결혼(結婚)'이란 말은 고례(古禮)의 혼인 절차에 대한 명칭들이 남
자 위주로 되어 있기 때문에 장가든다는 의미만 있는 '결혼'이란 낱말
이 쓰여지고 있다고 본다. 결혼이라고 하면 남자가 장가드는데 여자가
곁붙어서 따라가는 것이 되고, '혼인'이라고 하면 '혼(婚)'은 '장가든
다'는 뜻이고, '인(姻)'은 '시집간다'는 뜻이기 때문에 혼인(婚姻)이라
는 낱말이 결혼(結婚)이라는 낱말보다 적당하다.

혼인예식의 경하금품의 글귀에도 신부집에 보낼 때에는 '축결혼(祝結
婚)'이나 '축화혼(祝華婚)'이라고 하면 시집가는 신부에게 장가드는 것
을 축하하는 것이 되니 이럴 땐 '축혼인(祝婚姻)'이라고 적는 것이 바람
직하며, 기쁘고 즐거운 혼인 잔치를 축하하는 일이 될 것이다.

2. 혼인서약을 낭독하는 동기

나는 목사님 주례로 1963년도에 혼인예식을 올렸으나 죄송한 일이지만 주례사를 거의 기억하지 못한다. 지금이야 녹음기에 비디오 촬영을 하지만 그 당시 시골 교회에서는 상상도 못할 일이며, 지금 생각하면 안타까운 일이다. 현재는 혼인예식의 필수인 비디오로 다 촬영하고 녹음을 하지만 그것을 자주 틀어보기는 쉽지 않다고 본다. 그래서 혼인예식을 더욱 뜻깊고 기억에 오래 남길 수 있도록 하기 위해 주례사보다는 혼인서약에 더 비중을 두어야 겠다는 생각에 기독교 표준 예식서에 있는 혼인서약 내용에 다른 내용을 더하여 본인들이 양가 부모와 증인들 앞에서 직접 낭독하도록 했다.

주례부탁을 받을 때 그 자리에서 혼인서약서를 나누어 주고 혼인식날 낭독한다는 조건하에 주례를 승락한다. 그 이유는 혼인식날 실수하지 않으려고 서약서를 몇 번은 읽을 것이고, 그렇게 함으로써 기억에 오래 남도록 하기 위해서인 것이다. 혼인서약의 내용은 다음과 같다.

"지금 이 시간부터 믿음 안에서 하나님께서 짝지어 주신 남편과 아내로서 한평생 성경의 가르침대로 둘이 하나가 되어 내 몸과 같이 길이 사랑하고, 귀중히 여기고, 서로 도와 주고 위로하며, 고락 간에 변함없이 생전에 일정한 부부의 대의를 따라 남편(아내)으로서의 본분을 다하여 하나님 뜻에 맞도록 사업(가정)에 충실하며, 부모에게 효행하고, 이웃에게 덕을 끼치는 복된 가정생활을 할 것을 하나님과 여러 증인 앞에서 서약합니다(별첨1)."

이렇게 서약을 시키면 주례자가 권고할 말이 없어지니 주례사는 간략하게 5분 정도면 끝나고 혼인서약의 내용이 오래도록 기억에 남도록 문구점에서 바인더를 구입하여 우측에는 혼인서약을, 좌측에는 고린도전서 13장의 사랑장 성구와 남편과 아내의 십계명을 넣어 주기 때문에 살면서 지혜를 얻게 된다. 지방의 기관장으로 있을 때에는 축가가 있는가를 확인하고 없으면 교회 청년들에게 부탁하여 축가를 부르도록 했다.

〈별첨 1. 혼인서약〉

(신랑) 나 ○○○는 믿음 안에서 이 시간부터 하나님께서 짝지어 주신 ○○○양과 혼인하여 한평생 둘이 하나가 되어 내 몸같이 사랑하며 귀중히 여기고 도와 주고 위로하며, 고락간에 변함없이 생전에 인정한 부부의 대의를 따라 남편으로서의 본분을 다하며, 하나님의 뜻에 맞도록 생업에 충실하며 이웃에게 모범이 되는 경건한 가정생활을 할 것을 하나님과 여러 증인 앞에서 서약합니다.

(신부) 나 ○○○은 믿음 안에서 이 시간부터 하나님께서 짝지어 주신 ○○○씨와 혼인하여 한평생 둘이 하나가 되어 내 몸같이 길이 사랑하며 순종하고 고락간에 변함없이 생전에 인정한 부부의 대의를 따라 아내로서의 본분을 다하며, 부모님께 효행하고 동시에 이웃에게 덕을 끼치는 복된 가정생활을 할 것을 하나님과 여러 증인 앞에서 서약합니다.

년 월 일

신랑 ○○○ (印)

신부 ○○○ (印)

주례 ○○○ (印)

그 동안 베풀어 주신 은혜에
감사드립니다.
아뢰올 말씀은 저희들의
큰아들 ○○○와
둘째딸 ○○○이
혼인의 예를 올리고자 하오니
하나님께서 맺어 주신 두 사람의
앞날을 축복하여 주시기 바랍니다.

신랑 부모 ○○○,○○○
신부 부모 ○○○,○○○올림

한 번은 주례를 부탁 받았는데 신랑과 신부가 교회에 안 다닌다고 하면서 둘이 좋아하기 때문에 마지못해 혼인시키는 것처럼 대답하길래 혼인서약 내용을 보여 주며 이 내용대로 안 하면 승낙할 수 없다고 하였더니 그대로 받아들여 주례를 섰다.

혼인식날 신부측에서 두 사람이 성가대 가운을 입고 나와 율동을 하며 복음성가 '사랑의 종소리'를 불렀는데, 그 모습이 마치 하늘에서 보내 주신 천사와도 같았다. 신랑의 부모가 반대하여 신부측에서 교회에 나간다는 말을 안 했던 것이다. 나는 그 때 '좋은 방법이 없을까' 하고 생각을 하니 하나님께서 지혜를 주셨다. 수고스럽지만 축가를 부른 사람들에게 다시 한 번 율동과 성가를 불러줄 것을 요청했고 신부측에 교인들이 꽤 있을 것 같아 복음성가를 아는 분들은 두 사람을 축복하는 뜻에서 함께 부르자고 하니 약 50퍼센트가 교인이었다.

그 축가 소리는 온 예식장이 공중에 뜨는 것처럼 메아리를 쳐 마치 하나님을 향해 찬양하는 것처럼 느껴져 더욱 기쁘고 즐거웠다. 신랑에게는 그 자리에서 교회에 나갈 것을 약속받았고 현재 교회에 나가고 있다. 직분자 여러분! 그리고 성도 여러분! 전도할 대상을 멀리서 찾지 마시고 내 주위와 앞을 보십시오.

3. 납폐(納幣)에 따른 혼서지(婚書紙) 문안

우리 나라는 현재 전체 인구의 약 25퍼센트가 기독교인이고 약 75퍼센트가 믿지 않는 사람이기 때문에 자녀가 장성하여 혼인할 경우에는 가톨릭 신자나 안 믿는 가정과 혼인을 하는 경우도 생기게 된다.

기독교인이 제일 답답하게 여기는 것이 바로 이 문제이다. 여자보다는 그래도 남자가 낫다고 하지만, 함을 보낼 때 내용물의 문제가 아니라 혼서지(婚書紙)를 함께 보내어 예를 갖추어야 하는데 기독교 예식에서는 어디를 보아도 참고될 문헌이 없었다. 그래서 나름대로 혼서지와 시어머니가 며느리에게 보내는 글(별첨 내용)을 실었으니, 참고가 되었으면 한다.

특히 '함'을 파는 데 있어서는 '함'이라고는 하지만 요즘은 일반적으로 트렁크를 이용하기 때문에 함을 파는 과정에서 함진아비가 오징어를 뒤집어쓰고 거리에서 소리소리 지르며 팔 것이 아니라, 트렁크는 신부댁에 정식으로 넘겨 주고, 열쇠를 별도로 보관하여 방에 들어가서 음식상을 받아 놓고 먹으면서 여유있게 함을 팔아도 된다. '함'을 개방하려고 해도 열쇠가 없으므로 얼마든지 선의의 실랑이를 할 수 있다.

<혼서지(婚書紙)>

삼가 아룁니다.
그 동안 온 가정이 하나님의 은혜 가운데 안녕하십니까?
저의 장남 ○○가 장성하여 우리 곁을 떠나서 배필을 찾던 중 높이 사랑하심을 입사와 귀한 따님으로 저의 큰자식 ○○에게 짝지어 주실 것을 허락하여 주시니 옛 어른들의 예의를 따라 갖추지 못하였으나, 납폐하는 예식을 행하오니 살피시어 사랑으로 거두어 주시옵소서.

○○○올림

며느리에게
러시아에서는 어머니가 혼인을 앞둔 자녀에게 이르기를 "네가 전쟁을 하려거든 한 번 기도하고, 바다에 항해하려거든 두 번 기도하고, 혼인을 하려거든 세 번 기도하라"고 타일러 주었다는 격언은 부부생활이 쉽게 이루어지지 않는 것이며 하나님의 축복을 받아야 부부생활이 행복할 수 있다는 말이란다.
부부생활이란 서로가 자란 환경이 다르기 때문에 단점이 많이 보이기 쉬우니, 우리는 단점보다는 장점만을 바라보고 하나님께 기도하면서 손 맞잡고 살아 보자. 우리 가정에는 남자 네 명에 여자는 나 혼자란다. 그래서 나는 너를 하나님께서 우리 가정에 보내 주신 며느리 천사라고 생각한단다.
남자들은 단순해서 여자하기에 달린거란다. 우리 하나님의 사랑 가운데서 행복하게 살아 보자.

너를 사랑하는 시어머니가

4. 믿지 않는 가정의 혼인예식 주례

1) 좌석 정돈 ···**사회자**

주례자는 혼인예식이 엄숙히 진행되도록 분위기를 주도해야 한다.

2) 개회 선언 ···**사회자**

지금부터 ㅇㅇㅇ선생님을 모시고 신랑 ㅇㅇㅇ씨의 ㅇ남 ㅇㅇㅇ군과
신부 ㅇㅇㅇ씨의 ㅇ녀 ㅇㅇㅇ양의 혼인 예식을 거행하겠습니다.

3) 점촉 ···**주례자**

 - 신랑의 어머니는 동쪽에, 신부의 어머니는 서쪽에 마주 서서
경례하고, 신랑의 어머니는 동쪽 홍초에, 신부의 어머니는 서쪽
청초에 불을 밝힌다.
 - 신랑, 신부의 어머니 두 분은 한 계단 내려가 마주 보고 인사하
고 남쪽의 하객을 향해 인사한다.

4) 신랑 입장

주례에게 인사하고 단 아래 동쪽에 하객을 향해 선다.

5) 신부 입장

신부 입장시 신랑은 계단을 내려서서 2, 3보 앞으로 나아가 신부 인
도자(아버지)에게 정중히 인사드리고 신부를 주례 앞으로 안내한다.
주례에게 인사하고 주례를 향해 서쪽에 선다.

6) 신랑 · 신부 맞절

주례자는 마주 보게 하고 절을 시킨 다음 주례자를 보고 서게 한다.

7) 혼인 서약

주례자는 "죄송하지만 내가 혼인예식 때 주례 말씀이 생각나지 않아 이렇게 두 사람이 지키고자 하는 약속을 기재하여 직접 여러 증인 앞에서 낭독하도록 하겠습니다. 영원히 두 사람이 지킬 것입니다"라고 설명을 한 후 마이크를 신랑, 신부에게 전하며 서약서를 직접 낭독하도록 한다.

8) 혼인 선포 ·· 주례자

9) 주례사

서약서에 자세히 기록되었으므로 인생의 선배로 생활의 지표가 될 권고의 말을 약 5분 정도 간략히 한다.

10) 신랑 · 신부 인사

① 주례자가 인사시킨다.

② 먼저 신부측 부모님에게 인사한다.

- "따님을 잘 키워 주셔서 감사합니다. 하나님의 사랑 안에서 행복하게 살겠습니다."

③ 신랑 부모에게 인사한다.

- "부족한 저를 며느리로 맞아 주시니 부모님께 효도하며 이웃과 더불어 행복하게 살겠습니다."

④ 하객들에게 인사한다.

- "맑고 그리고 밝게 이웃과 더불어 행복하게 살겠습니다. 지켜

봐 주십시오."

11) 신랑 · 신부 퇴장

신랑, 신부 뒤에 양가 어머니, 양가 어머니 뒤에 양가 아버지가 서서 퇴장하고, 양가 부모님이 함께 행진하면서 하객에게 감사의 인사를 한다(하객들에게는 예식 후 혼주를 보기 위해 앞으로 오는 번거로움을 덜어 줄 필요가 있다. 어떤 혼주는 가족사진 찍을 때까지 의자에 앉아 있는데 이는 바람직하지 못하다).

12) 폐회 선언 ··· 사회자

13) 사진

결혼식예배 식순의 뒷면에는 감사의 글을 올린다.

〈감사의 글〉

하나님께 영광!
주님의 크신 은혜와 부모 형제의 따뜻한 사랑, 이웃들의 고마움, 또 바쁘신 중에도 저희들의 새출발을 축복하러 오신 모든 분들께 정말 저희가 드릴 수 있는 모든 것을 다 드려 감사합니다.
늘 주님 안에서 환한 기쁨을 가지고 맑고, 밝게, 서로 사랑하며 아름다운 믿음의 가정이 되겠습니다. 앞으로도 끊임없는 지도와 성원을 부탁드리며 귀 가정에 평안과 축복이 항상 같이 하옵기를 기원합니다.

ㅇㅇㅇ, ㅇㅇㅇ 올림

남편의 십계명

1. 결혼 전과 신혼 초에 보였던 관심과 사랑이 계속되도록 노력하라.

2. 결혼기념일과 아내의 생일을 잊지 말라.

3. 평소 아내의 옷차림과 외모에 관심을 보여라. 남편은 아내의 사랑스러움을 가꾸는 정원사라는 것을 알아야 한다.

4. 아내가 만든 음식에 대해 말이나 행동으로 아내에 대한 감사를 표시하라.

5. 모든 일을 아내와 의논하고 결정하는 습관을 길러라. 결혼의 행복이란 부부 간의 사랑보다도 평소에 부부가 얼마나 많은 대화를 나누는가에 달려 있다.

6. 아내의 마음에 상처를 주는 농담이나 행동을 삼가하라.

7. 가정 불화가 있을 때에는 남편은 한 걸음 아내에게 양보하라. 아내의 매력이 사랑스러움이라면 남편의 매력은 너그러움이다.

8. 가정 경제는 아내에게 일임하여 아내가 보람을 갖게 하라.

9. 아내의 개성과 취미를 존중해 주고 키워 주도록 하라.

10. 하루에 두 번 이상 아내의 좋은 점을 발견하여 즉시 지적해 줌으로써 아내에게 기쁨을 주는 습관을 길러라.

아내의 십계명

1. 자기 자신과 가정을 아름답게 꾸밀 줄 아는 재치와 근면성을 길러라.

2. 음식 준비에 정성을 기울이고 남편의 식성에 유의하라. 식탁은 가정의 화목을 도모하고 대화를 나누는 친교의 광장이며, 하루의 피로를 풀고 내일을 꿈꾸는 희망의 산실이다.

3. 혼자만 말하지 말라. 남편에게 말할 기회를 주지 않아 부부가 충돌하는 경우가 의외로 많다.

4. 남들 앞에서 남편의 결점을 늘어놓거나 지나친 자랑을 하지 말라.

5. 남편에게 따져야 할 말이 있을 때는 그의 기분 상태를 참작하라.

6. 남편에게 혼자만의 정신적 휴식시간을 갖고 싶어하는 심리가 있음을 잊지 말라.

7. 중요한 집안 일을 결정할 때는 남편의 뜻에 따르라.

8. 남편의 수입에 맞춰 절도 있는 살림을 꾸려 나가도록 하라.

9. 모든 일에 참을성을 가져라.

10. 하루에 두 번 이상 남편의 좋은 점을 발견하고 지적해 줌으로써 남편이 기쁨과 긍지를 갖도록 하라.

IV. 장례예식(葬禮禮式)

1. 임종 후의 장례 절차에 대한 예비지식

1) 임종(臨終)

병자가 위독상태에 빠지면 가족들은 침착한 태도로 다음과 같은 일을 진행하여야 한다.

⑴ 임종 직전 가족들은 울지 말고 침착하게 행동한다

① 임종 때 부르는 찬송 : 225, 292, 364, 456, 458, 478장

② 임종 때 읽는 성구

"여호와는 나의 목자시니 내가 부족함이 없으리로다 그가 나를 푸른 초장에 누이시며 쉴만한 물가으로 인도하시는도다 내 영혼을 소생시키시고 자기 이름을 위하여 의의 길로 인도하시는도다 내가 사망의 음침한 골짜기로 다닐지라도 해를 두려워하지 않을 것은 주께서 나와 함께 하심이니라(시편 23편)."

내 죄를 위하여 십자가에 달려 보혈을 흘려 주신 주님을 기억하고 믿을 수 있도록 또한 천당길을 보여 줄 수 있도록 하는 것이 중요하다.

⑵ 임종을 앞둔 분에게 물어 둘 말이 있으면 내용을 간추려서 대답하

기 쉽게 묻고 대답을 기록한다.

① 녹음기가 있으면 그 마지막 육성을 보존할 수 있어 더욱 좋다.(평소에 기도, 설교말씀 또는 가족에게 하고 싶은 말씀을 녹음했다가 발인예배시, 또는 추모예배시 듣고 추모하도록 한다.

② 교단별로 임종예식 순서가 없는 표준예식서가 있어 이 책에서는 임종예배 순서를 참고로 가족이나 이웃의 믿는 형제(권찰 구역장)가 임종예식을 진행할 수 있도록 기재한다. 그러나 임종예식 후에는 교회 상조부에 연락되어 목회자가 주관하기 때문에 입관예식, 발인(장례)식, 하관예식은 표준예식서에 의하도록 참고로 식순을 기재하였다.

2) 임종예배 순서

(1) 개식사 ·· 맡은이
우리는 지금 하나님의 부르심 앞에 있는 ○○○형제(자매)의 임종예배를 드리겠습니다.

(2) 찬송 ·· 다같이
  - 188장(만세반석 열리니)
  - 364장(내 주를 가까이 하게 함은)
  - 434장(나의 갈 길 다 가도록)

(3) 사도신경 ·· 다같이

(4) 성경말씀 ·· 다같이
(가족 대표나 이웃 집사님의 인도시 서툰 설교보다는 시편 23편을 다

같이 낭독하는 것이 좋다.)

여호와는 나의 목자시니 내가 부족함이 없으리로다 그가 나를 푸른 초장에 누이시며 쉴 만한 물가으로 인도하시는도다 내 영혼을 소생시키시고 자기 이름을 위하여 의의 길로 인도하시는도다 내가 사망의 음침한 골짜기로 다닐지라도 해를 두려워하지 않은 것은 주께서 나와 함께 하심이라 주의 지팡이와 막대기가 나를 안위하시나이다 주께서 내 원수의 목전에서 내게 상을 베푸시고 기름으로 내 머리에 바르셨으니 내 잔이 넘치나이다 나의 평생에 선하심과 인자하심이 정녕 나를 따르리니 내가 여호와의 집에 영원히 거하리로다.

(5) 성경(선택) ·· 맡은이
- 내 영혼을 하나님께 맡김(누가복음 23:43~46)
- 성도의 죽는 것을 귀히 보심(시편 116:15)
- 슬픔의 극복(야고보서 4:9)
- 영원히 사는 자(요한복음 11:25~26)

(6) 설교 ··· 맡은이

●내 영혼을 하나님께 맡김(누가복음 23:43~46)●

인간은 누구나 이 세상에서 살다가 죽게 되어 있습니다. 그러나, 문제는 마지막 임종시 어떤 태도로 죽음을 맞이하느냐 하는 것입니다. 예수님께서는 마지막 임종시 "아버지여! 내 영혼을 부탁하나이다"라고 하셨습니다.

죽음은 사랑하는 아버지의 품속에 안기는 것입니다. 인간은 하나님께로부터 왔다가 다시 그분에게로 돌아가는 것입니다. 하나님은 우리 인간을 극진히 사랑하시는 분입니다. 이제 사랑하는 주님품으로

돌아가는 것입니다. 죽음은 영원한 나라로 가는 관문입니다.

그러므로 죽음 저편에 있는 하늘나라를 바라보는 소망을 가져야 합니다. 요단강 건너 약속의 땅 가나안이 있듯이 죽음의 강 요단강의 건너편에 영원한 안식의 나라가 있습니다. 하나님께서 내 영혼을 영접해 주실 것을 믿고 그에게 위탁해야 합니다. 믿음이 없는 자는 하늘나라를 유업으로 얻지 못할 것입니다. 주님 안에서 죽은 자들은 복이 있습니다.

(7) 기도 ·· 설교자

우리의 생사(生死)를 주관하시는 하나님 아버지! 인생이 이 세상에 오는 것도 세상을 떠나는 것도 하나님 아버지의 섭리 속에 되어짐을 믿고 기도드립니다. 우리의 고 ○○○형제(자매)의 임종을 맞아 우리 모두 간절히 기도드리오니 그 영혼을 아버지의 영원하신 품속에 품어 주시옵소서. 슬픔에 쌓인 유가족들을 위로하여 주시고 앞으로 진행될 장례 절차도 인도하여 주시옵소서. 예수 그리스도의 이름으로 기도합니다. 아멘.

(8) 찬송 ·· 다같이

  - 290장(괴로운 인생길 가는 몸이)

(9) 주기도문 ·· 다같이

3) 수시(收屍)

교회에서나 상조회에서 오기 전에 운명하셨을 때는 지체없이 유족이 해야 하기 때문에 누구나가 알아두어야 할 중요한 절차이다.

① 적당한 높이의 베개로 머리를 바로 잡는다.

② 눈꺼풀을 쓸어 내려 곱게 감긴다.

③ 솜이나 백지로 턱 밑을 고여 입이 열리지 않게 하고 머리를 손질한다.

④ 귀, 코, 입 등을 알코올을 묻힌 솜이나 한지로 막는다.

⑤ 시신이 굳기 전에 팔과 다리, 손의 관절을 가볍게 주물러 펴고 오그라들지 않게 하여 전신을 곧게 편다.

⑥ 한지나 붕대로 무릎과 두 팔을 함께 당겨 매고, 팔과 두 손을 모아 배 위에 자연스럽게 얹어 놓고 흘러내리지 않도록 한지나 붕대로 얽어맨다.

⑦ 시신을 나무판자 위에 안치한다. 나무판자가 없을 때는 사용했던 요를 접어 흰종이를 깔고 그 위에 안치하면 된다.

⑧ 시신 위에는 흰 홑이불로 덮은 다음 시상판(屍床板)으로 옮겨 병풍으로 가린다.

⑨ 시신을 모시는 곳은 덥거나 습하지 않은 곳을 택하여야 한다.

⑩ 상 위에는 성경책과 사진 꽃병을 두고 향불을 피지 않는 대신 향수나 스킨을 사방에 뿌려 향긋한 냄새가 나도록 한다. 향을 피우는 것은 향냄새로 귀신을 불러들여 죽은 이의 혼을 열반으로 데려가게 하는 의식이므로 교리에 어긋나는 행위다.

4) 연락

자기 가정이 소속한 교회의 구역, 책임자에게 연락한다.

① 연락이 끝나면 가족들은 검소한 옷으로 갈아입고 근신하며 애도하되 맨발이나 머리 푸는 일과 곡은 삼가한다.

② 교회에서 연락을 받게 되면 곧 목사, 전도사와 상례부원이 상가댁

을 찾아 예배드린 후에 장례에 대하여 의논하게 되는데 상례부의 지
도를 받으면 된다.
③ 교회에서 사람이 오기 전에 성급하게 이웃 장의사에게 연락하는
것보다 교회 상례부와 상의하여 기독교 상조회에 의뢰하면 모든 절
차를 기독교 상례 절차로 진행할 수 있다.
④ 임종 후의 준비사항: 호상(護喪)

2. 입관(入棺)

전염병이 아닌 경우나 특별한 경우를 제외하고는 사후 24시간이 지난
다음에 입관을 하도록 한다. 그 이유는 혹시라도 살아 있을 가능성이 있
기 때문이다. 입관 작업(염습)은 주로 입관예배 1시간 전에 시작하는 것
이 적당하다.

1976년도에 직장에서 만19세였던 직원이 순직하였을 때 순직자의 아
버지의 친구되시는 분과 함께 시신을 씻기고 염습을 마치고 나니 그 경
황 중에도 직장에 대한 원망보다는 자기는 자식에게 고생만 시키고 해
준 게 없다면서 나에게 '진정한 아버지' 라 칭하며 장례 이후 5년 동안이
나 안부를 묻고 지낸 적이 있다. 모든 일에 열심을 다하여 성의를 보일
때 감격하고 그 사람에게 반하게 된다. 그러므로 믿는 성도는 믿지 않는
사람들에게 모범이 될 때 전도가 될 수 있는 계기를 가져올 수 있다.

1) 준비
수의, 관보, 결관포(밧줄), 명정, 횡대, 장판지 또는 비닐, 창호지, 벽
돌, 탈지면, 붕대, 알코올, 향수나 스킨, 핀셋, 마스크, 비 등.

〈부 고〉

○○○ 아버지(어머니) ○○○ 장로(집사)
노환으로(다른 이유로) 년 월 일 시에
자택(○○병원)에서 별세하시어 하나님께로
가셨음을 알려드립니다.

〈발인예배〉
■일시: 년 월 일 (요일) 시
■장소:
■장지:○○도 ○○군 ○○면 ○○리 선영
    (또는 ○○○공원 묘지)
■집례: ○○○목사
■상제: 아들
       손자
       딸
       사위

19 년 월 일

친족대표 ○○○

호 상 ○○○

2) 염습(殮襲)

① 인도자의 지시에 따라 시신의 좌우에 두세 사람씩 앉는다.

② 나무판자에서 시신을 내리고 수세했던 모든 것을 푼다.

③ 홑이불을 벗기고 손이나 발을 묶었던 붕대, 창호지를 제거한다.

④ 뻣뻣하게 굳은 손마디, 팔목, 팔꿈치, 어깨의 관절, 발가락, 발목, 무릎을 조금씩 만져주면서 뻣뻣했던 사지를 풀어 준다(이렇게 하면 유족들이 흐뭇해하며, 믿는 형제의 입장에서 역시 믿는 사람은 다르다는 좋은 감정을 갖게 된다).

⑤ 고인이 남성인 경우는 남자가, 여성인 경우에는 여자가 앞가리개(군포)를 가리며 하의를 벗긴다.

⑥ 먼저 상의 단추를 풀고 소매를(벗기기 힘들 때) 가위로 자른 다음 상체를 약간 들고(너무 들면 코나 입으로 불순물이 흐른다), 쪼개진 반대 방향에서 밑으로 상의를 벗긴다. 하의는 발을 들어 둔부를 바닥과 띄운 상태에서 벗긴다.

⑦ 알코올에 적신 탈지면을 사용하여 손, 가슴, 배, 허벅지, 발 순서대로 닦은 다음, 옆으로 젖혀 등을 닦고 창호지와 솜으로 만든 기저귀를 채운다.

⑧ 가슴을 창호지로 덮고 손, 발 순으로 창호지로 싸고 악수와 버선을 입힌다.

⑨ 수의를 입힐 때에는 상의는 상의대로 속적삼, 겉적삼, 두루마기, 도포 순으로 결합해 놓고 하의는 하의대로 속옷과 겉옷을 결합해 놓은 다음 하의부터 시작해 수의를 입히고 상의를 입힌다.

⑩ 가렸던 얼굴을 풀고 소독수 탈지면으로 얼굴을 닦고 머리를 빗긴 다음 얼굴에 화장을 하고 고인의 얼굴을 보기 원하는 유족들을 불러

보게 한다. 믿지 않는 유족도 이 광경을 보고 하나님을 믿게 되고 믿는 형제들도 고마움에 교회에 더 열심히 봉사하게 된다.

⑪ 탈지면을 얼굴에 대고 창호지로 두상을 싼 다음 턱받침, 목댕기를 매고 면모로 얼굴 전체를 싼다.

⑫ 창호지 띠로 시신을 서너 군데 묶어 수의와 몸이 흩어지지 않도록 한다. 이때 손의 위치는 남자는 오른손이 왼손 위에, 여자는 왼손이 오른손 위에 놓이도록 한다.

⑬ 준비된 관 안에 평행을 유지하면서 시신을 고정시키고, 끈을 다시 풀어 머리 부분과 발 부분의 틈틈이에 초석을 넣어 시신이 관 속에서 움직이지 않도록 한다.

⑭ 이불(천금: 天衾)을 덮고 창호지로 덮어 마무리를 한 다음 관뚜껑을 덮고 나무못을 박고 결관포로 관을 묶는다.

⑮ 흰 관보에 붉은 십자가가 있는 관포를 씌운다.

■ 입관 준비에서 염습까지의 절차

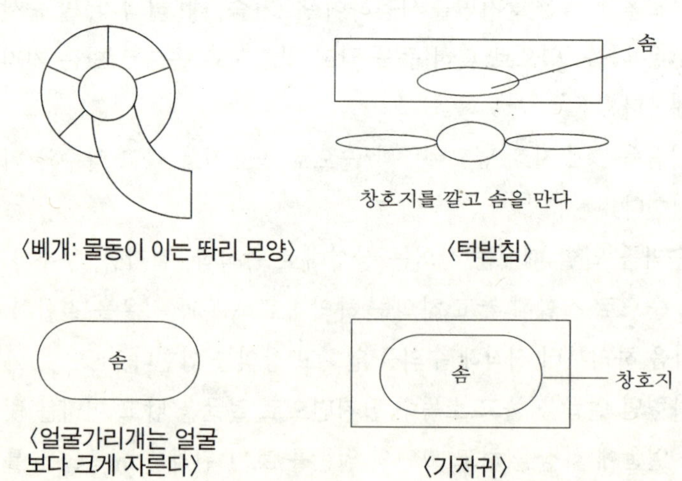

〈베개: 물동이 이는 똬리 모양〉   〈턱받침〉

〈얼굴가리개는 얼굴
보다 크게 자른다〉   〈기저귀〉

3) 옷을 입히는 순서

(1) 시신 전체를 창호지로 감는다(특히 여름 수의 입히기가 수월함).

(2) 옷은 아래부터 입혀 올라온다.

(3) 바지를 입히고 허리띠를 묶는다.

(4) 속적삼, 저고리, 두루마기, 모두 한 번에 입힐 수 있도록 겹친다.

(5) 시신을 들고 아래로부터 위로 입히는데 이때 염습하는 사람의 팔을 수의 옷소매 속으로 넣고 고인의 팔을 잡아당겨야 쉽게 된다.

① 입관 전에 먼저 시신 위에 손을 얹고 잠깐 기도한 후 시작한다.

② 남자: 오른손이 위로 오도록 겹쳐 붕대로 묶는다. 두 발로 모아 묶는다.

③ 여자: 왼손이 위로 오도록 겹쳐 붕대로 묶는다.

④ 믿는 사람은 믿지 않는 사람의 염습 때 대렴(大殮) 맬 끈으로 하지 않고 관 안에 시신을 자연스럽게 안치하고 초석으로 흔들리거나 움직이지 않도록 하는 것이 좋다.

⑤ 창호지를 먼저 깔고 바닥에 유지를 깔고 베개를 놓는다.

⑥ 관 안에 유지를 두 번 겹쳐 깐다(요즈음은 비닐도 깐다).

⑦ 들끈을 둘러 시신을 관 안에 모신다.

⑧ 시신을 평행으로 안치한 다음 머리 부분과 발 부분의 틈틈이에 초석을 넣어 시신이 관 속에서 흔들리지 않도록 한다.

⑨ 창호지로 시신을 덮고 천금(天衾: 이불)을 덮는다.

⑩ 관뚜껑을 덮고 나무못을 박고 결관포로 관을 묶는다.

⑪ 십자가가 있는 관보를 씌운다.

⑫ 관 속에는 시신 외에는 아무 것도 넣지 않는다. 믿지 않는 상주는

여비라고 돈을 넣으려 하는 경우도 있다. 그러나 의류 외 성경책 등
을 넣는 것은 절대로 금해야 된다.

⑬ 유가족들은 상복으로 갈아입고 준비한 찬송을 부르며 입관예배를
준비한다.

입관 전에 시신 위에 손을 얹고 기도한 후
시작한다. 시신은 홑이불로 씌워 놓는다.

들끈을 둘러 시신을 관 안에 모신다.

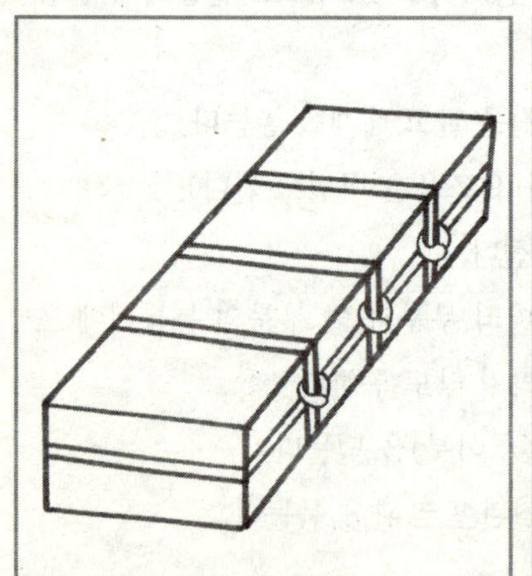

관뚜껑을 덮고 나무못을 박고
결관포로 관을 묶는다.

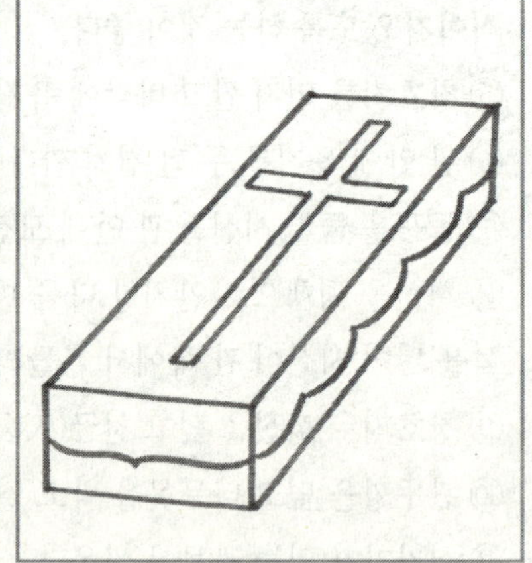

십자가가 있는 관보를 씌운다.

4) 입관예배

(1) 입관예배 순서는 기독교 표준 성례집에 의하여 집례 목사님의 인도를 받아 진행한다.

(2) 예배시 목사님은 관의 머리 부분에 서고 유족은 아래쪽에 그리고 조객은 적당한 자리에 보기 좋게 선 후에 시작한다.

(3) 관을 적당한 장소(대개 입관 전의 장소)에 안치시키고 성화평풍을 친 다음, 그 앞에 작은 상을 창호지로 싸서 놓는다. 상 위에는 고인의 사진과 평소에 고인이 사용하던 성경과 찬송가를 놓고 양 옆에 꽃을 꽂은 화병으로 장식해 놓는다.

주의사항

① 유해 앞에는 향기로운 꽃이나 약물로써 악취를 제거하고 우상을 섬기는 제사 습관대로 향로와 촛불을 소반에 받쳐 놓지 말 것.

② 상을 당한 분과 문상객의 상호례(相互禮)는 무방하나 시신 앞에 절하는 일은 엄금할 것.

③ 문상객 앞에 유족들이 일어서는 일은 옳으나 그 때마다 곡하는 일 또는 하루 세 번 애곡하는 풍습도 취하지 말고, 하루에 꼭 세 번 예배를 요구하는 일도 마땅하지 않으니 다만 비애에 쌓인 유족들을 위해 교역자의 판단을 좇아 예배 드릴 것.

④ 입관시 여름에 냉방시설이 안 된 곳(특히 시골)에서는 예배를 드린 후 관뚜껑을 덮으려다 시신이 순식간에 부패되어 관 뚜껑에 나무 못을 박고 관을 결관포로 묶어 장례를 치르게 되니 여름에는 반드시 관 뚜껑을 덮고 결관포로 묶은 다음 예배를 드리는 것이 바람직하다

5) 입관식예배 순서

(1) 개회사 ···································· 집례자
지금부터 고 ○○○의 몸에 새 옷을 입히고 고이 관에 모시는 입관예
배를 드리겠습니다.

(2) 기원 ···································· 집례자
거룩하신 하나님! 슬픔에 잠긴 유족들을 안위하여 주시옵소서. 하나
님은 귀한 형제들을 더 이상 죄악 세상에 두고 수고와 근심과 괴로움
을 받지 않게 하시고 보다 더 영원한 영광을 누리게 하시려고 부르셨
사오니 우리의 믿음과 하늘나라의 소망을 온전하게 하사 이 시간을
통하여 하나님께 영광이 되게 하여 주옵소서.

(3) 찬송(선택) ································ 다같이
  - 231장(주가 맡긴 모든 역사)
  - 293장(천국에서 만나 보자)

(4) 기도 ·································· ○○○장로
사랑이 무궁하시고 극진하신 하나님 아버지! ○○○씨를 이 땅 위에
서 이제는 다시 만날 수 없사오며 그 얼굴을 볼 수가 없게 되었습니
다. 아버지여! 여기 애곡하는 후손들에게 효성심을 주시옵소서. 그
훈계를 기쁨으로 받아 복스러운 가문을 빛내게 하옵시며 주의 영광
을 위하여 죽도록 충성할 수 있는 신실한 일꾼들이 되게 하여 주시옵
소서. 부디 애곡하는 유족들과 이 자리에 함께한 모든 심령들에게 독
실한 믿음을 주사 영원한 소망이 헛되지 않게 하여 주시옵소서. 특별

히 말씀을 증거하실 주의 종에게 신령한 권세를 더하여 주시옵소서.
예수님의 이름으로 기도합니다. 아멘.

(5) 성경 ·· 사회자
● 믿는 자는 사망에서 영생으로(요한복음 5:24~29) ●
내가 진실로 진실로 너희에게 이르노니 내 말을 듣고 또 나 보내신
이를 믿는 자는 영생을 얻었고 심판에 이르지 아니하나니 사망에서
생명으로 옮겼느니라 진실로 진실로 너희에게 이르노니 죽은 자들이
하나님의 아들의 음성을 들을 때가 오나니 곧 이 때라 듣는 자는 살
아나리라 아버지께서 자기 속에 생명이 있음같이 아들에게도 생명을
주어 그 속에 있게 하셨고 또 인자됨을 인하여 심판하는 권세를 주셨
느니라 이를 기이히 여기지 말라 무덤 속에 있는 자가 다 그의 음성
을 들을 때가 오나니 선한 일을 행한 자는 생명의 부활로, 악한 일을
행한 자는 심판의 부활로 나오리라.

(6) 설교·· ○○○목사
믿는 자의 죽음은 부활체를 얻는 과정이요, 믿지 않는 자의 죽음은 죄
값으로 말미암은 형벌의 죽음인 것을 설명할 것.

(7) 기도 ··· 설교자
슬픔 가운데서도 영원한 나라에서 다시 만날 귀한 소망을 허락하신
주님께 감사하나이다. 부디 믿음을 독실하게 하사 신령한 소망이 헛되
지 않게 하여 주시옵소서. 유해를 안장할 절차가 아직 남아 있사오니 주
의 영광을 훼상함이 없도록 끝까지 돌보아 주시옵소서. 예수님의 이름
으로 기도하옵니다. 아멘.

(8) 찬송 ·· 다같이
- 290장(괴로운 인생길 가는 몸이)

(9) 축도 ·· ○○○목사

(10) 폐회식

3. 장례식(발인식)

공무 중 순직자 장례식에 가보면 대부분 '영결식(永訣式)'이라고 하
는데 이는 '영원히 보지 못한다'는 뜻이므로 우리 예수 믿는 사람은 부
활의 소망이 있기 때문에 '영결식'이라는 말을 쓰지 않고 '장례식'이라
는 말을 쓰는 것이 좋다.

장례식은 보통 임종일로부터 3일째 되는 날에 거행하게 되는데 장례
일이 주일이면 피하도록 할 것이며, 계절과 출근 시간을 감안해 정해야
한다.

1) 준비 및 절차

(1) 준비물: 고인의 양력과 고인의 육성 테이프를 틀 수 있는 녹음기,
헌화할 꽃, 운구할 때 필요한 면장갑, 운구할 사람 7명.
(2) 평풍을 관 뒤로 치고 영전사진과 고인이 사용하던 성경과 찬송가
를 관 위에 올려놓고 바구니 조화를 양 옆에 놓고 발인예배를 준비한
다. 우리 교인들만이라도 큰 조화(삼단짜리)는 삼가하는 것이 좋다.
조기(弔旗)를 제작하여 사용하든지 아니면 바구니 조화는 운반이 편

리하여 장지까지 가지고 갈 수 있는 장점이 있다.

(3) 장소가 협소하면 밖에서 드려도 무방하다.

(4) 발인예배는 집례하시는 목사님의 인도를 받아 예배를 드린다. 발인예배 순서는 기독교 표준예식서에 의한다.

(5) 발인예배 전에 장지에서 필요한 모든 물품을 영구차에 적재시켜서 예배 후에는 관만 모신 다음 즉시 장지로 출발할 수 있도록 한다.

(6) 장지에 갈 조문객은 먼저 차에 승차하도록 하고 가지 못하는 조문객에게 상주와 유족들이 함께 인사(문상)를 드린다.

(7) 장지로 출발한다.

  - 선두차에 고인의 사진과 집례목사, 전도사가 승차한다.

  - 선두차 다음인 영구차에는 유족과 조문객이 승차한다.

  - 그 뒤로 버스, 승용차 순으로 간다.

2) 장례식(발인식) 예배 순서

(1) 개회사 ·· 다같이

지금부터 고 ○ ○ ○ 집사(성도)의 장례식을 거행하겠습니다.

조문객 여러분의 정중한 조의와 엄숙한 마음으로 다같이 예배를 드리겠습니다.

(2) 기원 ·· 집례자

온 인류의 생사화복을 임의로 주장하시며 섭리하시는 하나님 아버지! 비애에 젖은 유족들을 긍휼히 여기사 신령한 안위와 소망을 허락하여 주시옵소서. 오묘하신 섭리와 그 거룩하신 뜻을 깨달아 아멘으로 응종하게 하시고 영원한 천국에서 기쁨으로 만날 수 있다는 확실

한 신념이 저희 믿음을 새롭게하는 거룩한 활력소가 되게 하여 주시
옵소서. 예수님의 이름으로 기도합니다. 아멘.

(3) 찬송 ………………………………………………………… 다같이
 - 541장(저 요단강 건너편에)

(4) 기도 ……………………………………………………… ○○○장로
여기 신실한 믿음의 형제가 부르심을 입어 비애에 잠긴 유족들과 성
도들이 무거운 마음을 가지고 유해(遺骸)앞에 섰나이다. 생전에 불효
를 뉘우치며 애곡하는 자녀들의 회개를 진실하게 하사 주 앞에서 사
유함을 얻게 하옵소서. 굳건한 믿음을 주사 큰 영광을 위하여 충성하
게 하시고 영원한 천국에서 우리 모두가 기쁨으로 상봉(相逢)할 수
있게 하시옵소서. 예식을 주장하는 종에게 권능을 더하시며 유해를
안장(安葬)하고 돌아오기까지 성령께서 통어(統御)하사 모든 절차가
하나님께는 영광이 되게 하옵시며 함께한 모든 권속들에게는 안위와
소망이 되게 하여 주시옵소서. 예수님의 이름으로 기도합니다. 아멘.

(5) 설교 ……………………………………………………… ○○○목사

(6) 기도 ……………………………………………………… 설교자

(7) 약력 소개 ………………………………………………… ○○○장로

(8) 찬송 ………………………………………………………… 다같이
 - 534장(세월이 흘러가는데)

(9) 축도 ·· ○○○목사

(10) 광고 ··· 집례자

- 내빈께 감사드리고, 장지에 가실 분을 위해 안내한다.

(11) 발인

4. 하관식(下棺式)

1) 준비

① 장지에 도착하면 묘역 평평한 자리에 관을 내려놓고 유가족은 관 옆에서 하관식을 기다린다.

② 사역하는 책임자에게 일이 끝난 후, 수고하신 분들과 같이 목욕이나 하시라고 촌지를 전하고 여기 오신 조문객은 예수 믿는 분들이니 홍대를 덮기 전에 노자돈 보태달라고 하지 않도록 사전에 부탁한다.

③ 하관하기 전에 지실(地室)을 보고 물이 날 것 같다는 등, 향이 어떻다는 등의 유익되지 않는 말은 삼가한다.

④ 관을 지실(地室)에 하관하면서 좌향을 바르게 하며 관의 옆을 회와 흙으로(회와 흙이 굳으면 짐승이 침입하지 못함) 채우고 관 위에 평정을 깔고 횡대를 덮으며 위에서 3번째 횡대만을 열어 놓고 하관예배를 드린다.

⑤ 취토와 흙과 삽을 준비한다.

⑥ 장지에 도착해서 하관예배를 준비하는 동안 몇 분은 점심식사를 준비한다.

2) 하관예배

(1) 집례자는 산에 간 사람은 누구나 예배에 참석하도록 권한다.

(2) 집례자는 관의 머리쪽에 서서 인도하고 상주는 집례자의 오른쪽(서쪽)에 서고 조문객들은 왼쪽(동쪽)에 서도록 하여 집례한다.

(3) 집례 목사님의 인도를 받아 진행한다. 하관예배 식순은 기독교 표준 예식서에 의한다.

(4) 복토순서

① 집례자, 상배자(미망인), 유족, 교역자, 장로, 친척, 친구 순서대로 한다.

② 집례자가 관머리에 흙을 떠서 부으면 그 다음은 순서대로 부으면 되는데, 부부일 경우는 함께 한다.

③ 어린이에게 곡이나 복토를 시켜 보는 이들의 마음을 애절하게 하지 말아야 한다.

④ 육체는 흙에서 와서 흙으로 돌아가고 영혼은 하나님 나라에 가지만 믿음이 좋은 사람도 마음이 울적해지니 계속 찬송을 불러 유족들

을 위로해야 한다.

3) 사역(使役)하는 분들에게 인사

총회 목사님 중에서 인가되지 않은 가정에 장례식을 인도할 때 믿지 않는 상주의 반대에도 불구하고 기독교 예식으로 하관예배를 드리고 하산하면서 삽일을 하시는 분들에게 끝나고 목욕이나 같이 하라고 금일봉을 주니 핍박하며 트집을 잡던 유족들이 조용해지고 죄송스러워하더란 말을 들었다.

우리 하나님을 믿는 우리들은 작은 일에서부터 큰 일까지 맡은 바 모든 일에 부지런하고 충성할 때 하나님과 주위로부터 인정받게 된다는 것을 명심해야 한다.

4) 점심식사

조문객 중 믿지 않는 사람을 먼저 대접하고 음식이 부족할 때에는 상주나 교회 교역자가 양보하여야 한다. 지난 이야기이지만 어머니(권사) 장례식 때에 장지에서 식사한 선배 중에는 음식이 정갈할 뿐만 아니라 일하시는 분들도 교양이 있어 보여서 어떻게 하면 이렇게 장례를 치룰 수 있느냐고 물어왔다. 그래서 음식준비와 봉사하시는 분들은 우리 교회 상조부의 교인들이고, 예수님 믿으면 이렇게 장례를 치를 수 있다고 했다. 그 후에 그 선배의 부인께서는 고인이 되셨지만 세례를 받으셨고 장로님댁과 사돈을 맺고 믿는 자부를 보았다.

5) 하관예배 순서

(1) 개회사 ·· 집례자

이제부터 고ㅇㅇㅇ집사(성도)의 하관식을 거행하겠습니다. 다같이
정숙한 마음으로 예배를 드리겠습니다.

(2) 기원 ……………………………………………………… 집례자

다시는 슬픔이 없고 고통이 없으며 주린 것이나 병이 없는 영원한 천
국으로 부름받은 형제의 유해를 안장하려고 먼저 주 앞에 머리를 숙
였습니다. 언젠가는 우리도 이와 같이 죽을 수밖에 없다는 사실을 명
심하고 항상 깨어서 준비하는 자들이 되게 하여 주시옵소서. 특별히
생전에 불효를 뉘우치며 고인의 믿음을 이어 받아 영화로운 천국에
서 다시 만날 유일한 소망을 붙들고 슬픔 중에서도 안위를 받고 있사
오니 부디 저희 소망이 헛되지 아니하도록 그 믿음을 독실하게 하여
주시옵소서. 예수 그리스도의 이름으로 기도하옵니다. 아멘.

(3) 사도신경 ……………………………………………… 다같이

(4) 찬송 ……………………………………………………… 다같이
  · 188장(만세 반석 열리니)

(5) 기도 …………………………………………………… ㅇㅇㅇ장로

자비하신 아버지여! 부활의 신앙을 지녔기에 슬픔 중에도 소망을 가
지고 ㅇㅇㅇ씨의 유해를 안장하나이다.
"지금 이후로 주 안에서 죽는 자들은 복이 있도다 하시매 성령이 가
라사대 그러하다 저희 수고를 그치고 쉬리니 이는 저희의 행한 일이
따름이라(계 14:13)"고 말씀하신 신령한 말씀을 우리 모두가 실감 있
는 체험으로 깨닫게 하시고 우리 주 예수 그리스도로 말미암아 이김

을 주시는 하나님께 감사하며 "견고하며 흔들리지 말며 항상 주의 일에 더욱 힘쓰는 자들이 되게 하여 주시옵소서(고전 15:58)". 예수 그리스도의 이름으로 기도하옵니다. 아멘.

(6) 성경 ·· 집례자

●육체의 부활(고린도전서 15:50~58)●

형제들아 내가 이것을 말하노니 혈과 육은 하나님 나라를 유업으로 받을 수 없고 또한 썩은 것은 썩지 아니한 것을 유업으로 받지 못하느니라 보라 내가 너희에게 비밀을 말하노니 우리가 다 잠잘 것이 아니요 마지막 나팔에 순식간에 홀연히 다 변화하리니 나팔 소리가 나매 죽은 자들이 썩지 아니할 것으로 다시 살고 우리도 변화하리라 이 썩을 것이 불가불 썩지 아니할 것을 입겠고 이 죽을 것이 죽지 아니함을 입으리로다 이 썩을 것이 썩지 아니함을 입고 이 죽을 것이 죽지 아니함을 입을 때에는 사망이 이김의 삼킨 바 되리라고 기록된 말씀이 응하리라 사망아 너의 이기는 것이 어디 있느냐 사망아 너의 쏘는 것이 어디 있느냐 사망의 쏘는 것은 죄요 죄의 권능은 율법이라 우리 주 예수 그리스도로 말미암아 우리에게 이김을 주시는 하나님께 감사하노니 그러므로 내 사랑하는 형제들아 견고하며 흔들리지 말며 항상 주의 일에 더욱 힘쓰는 자들이 되라 이는 너희 수고가 주 안에서 헛되지 않은 줄을 앎이니라.

(7) 특별순서 ·· ○○○집사

(8) 설교 ·· 설교자

⑼ 기도 ·· 맡은이

자비하신 아버지여! 예수 그리스도를 믿는 믿음으로 말마암아 사망 권세를 이기게 하심을 감사하나이다. 오늘 여기 안장하는 주의 자녀 ○○○씨는 언제까지나 이 무덤에 머물 것이 아니라, "주께서 호령과 천사장의 소리와 하나님의 나팔로 친히 하늘로 좇아 강림하시리니 그리스도 안에서 죽은 자들이 먼저 일어나고 그 후에 우리 살아 남은 자도 저희와 함께 구름 속으로 끌어 올려 공중에서 주를 영접하게 하시리니 그리하여 우리가 항상 주와 함께 있으리라(살전4:16~17)"고 하셨음이니이다. 그런즉 소망 없는 다른 이와 같이 슬퍼하는 자가 되지 말고 영화로운 하늘나라에서 다시 만날 소망이 헛되지 아니하도록 그 어떠한 환난과 핍박과 고난과 유혹을 만날지언정 견고하며 흔들리지 말며 항상 주의 일에 더욱 힘쓰는 자들이 되게 하여 주시옵소서. 예수 그리스도의 이름으로 기도하옵니다. 아멘.

⑽ 찬송 ·· 다같이
 - 226장(저 건너편 강 언덕에)

⑾ 축도 ·· 집례자

지금은 사망 권세를 이기고 부활 승천하사 잠자는 자들의 처음 열매가 되신 우리 구주 예수 그리스도의 은혜와 독생자를 십자가 희생의 제물로 삼아 우리를 죄와 사망 가운데서 건져 영원한 삶을 얻게 하신 아버지 하나님의 무궁하신 사랑과 믿음으로 말미암아 슬픔 가운데서도 신실한 안위와 소망을 주시며 그 소망이 헛되지 아니하도록 감화함을 주사 독실한 하나님의 사람으로 살게 하여 주시는 성령의 역사하심과 교통하심과 충만하신 은혜가 슬픔을 당한 유족들과 이 자리

에 함께 한 모든 심령, 심령들 위에 영원 무궁토록 함께 있을지어다.
아멘.

5. 위로예배

집으로 돌아와서 유족들과 예배를 드림으로 장례 절차는 끝나게 된
다. 모든 교우는 마지막까지 정성으로 마지막 예배를 드려야 한다. 부모
가 세상을 떠났을 경우 용기를 잃지 않도록 위로하며, 믿지 않는 자녀가
있다면 아버지(어머니)께서 살아 생전에 자식들이 하나님 믿기를 원하
며 기도하셨으니 이제라도 효도하는 뜻에서 하나님 잘 믿고 형제 간에
우애있게 지내라는 권고의 말을 한다.

1) 위로예배 순서

(1) 개회사 ··· 인도자
이제부터 고 ○○○(장로, 권사, 집사, 성도)의 장례를 무사히 마치도
록 모든 절차를 인도하여 주신 하나님께 감사예배를 드리겠습니다.

(2) 신앙 고백 ··· 다같이
사도신경으로 신앙고백 한다.

(3) 찬송 ·· 다같이
  - 226장(저 건너편 강언덕에)
  - 293장(천국에서 만나보자)

(4) 기도 ·· 전도사
(지금까지 목사님이 집례하였으므로 기도는 전도사님이 하는 것이
바람직하다.)

사랑의 하나님 아버지! 고○○○(장로, 권사, 집사, 성도)의 장례를
무사히 마치도록 모든 절차를 인도하여 주신 은혜를 감사드립니다.
고○○○(장로, 권사, 집사, 성도)께서 이 세상에서 살다가 우리 주
예수 그리스도의 보혈로서 죄사함을 받고 영생까지 얻게 된 것을 감
사드립니다. 그러나 육을 가진 저희들은 육에서 떠난 섭섭함과 슬픔
을 금할 길이 없습니다. 생전의 불효를 뉘우치며 애곡하는 자녀들의
회개를 진실하게 하시고 주 앞에서 사유함을 얻게 하여 주시옵소서.
용서의 하나님! 우리가 고인을 통한 아버지의 큰 뜻을 헤아릴 수가 없
어 그 뜻을 펴지 못한 우리의 부족을 고백합니다. 우리 각자가 그리
스도 안에서 고인(어머니)에게 다하지 못한 모든(효도, 우정, 신의)것
을 생각하며 우리의 부족을 고백하오니 용서하여 주시옵소서. 자비
로운 하나님 아버지! 여기 우리들 즉, 죽은 이나 살아 있는 모든 이들
에게 하늘의 복을 허락하옵소서. 그리하여 우리로 하여금 우리 주 예
수 그리스도 안에서 성령님의 인도하심을 받아 고인의 삶을 영원히
이어가며 하나님의 뜻을 이 땅위에 펴는 새로운 은혜를 베풀어 주시
고 슬픔에 있는 유족들을 위로하여 주시옵소서. 예수 그리스도의 이
름으로 기도드립니다. 아멘.

(5) 성경 ·· 인도자
　- 시편 23편(여호와는 나의 목자시니)
　- 히브리서 11:1~12(인생의 발자취)

(6) 설교(유가족이 피로함으로 성경봉독으로 설교를 대신할 수 있다.)

(7) 기도 ···주기도문

6. 화장(火葬)시 장례예배

우리 나라에서는 화장보다 전통적으로 매장을 선호하고 있다. 기독교
계는 일부에서 매장으로 인해 줄어드는 국토문제 때문에 화장을 권장하
자는 움직임도 있다. 부득이한 경우 전염병이나 유언시 묘지를 관리할
유족이 없을 때에는 반드시 목사님과 상의한 후 화장 여부를 결정하여
야 한다. 화장을 했을 때 분골을 납골당에 보관하거나 관리할 유가족이
없을 때는 묻거나 강물 또는 깊은 산에 뿌려도 무방하다.

1) 화장시의 예배 순서

(1) 화장장은 화장하려는 운구의 계속되는 행렬로 많은 사람의 소음이
있기 때문에 간략하게 드려야 한다.

(2) 관을 화장장의 화구 위에 안치하고 앞에 위치한 빈소에서 예배를
드리거나 화장장에 도착하여 영구차에 관을 모신 상태에서 문을 열어
놓고 그 곳에서 예배를 올려도 된다.

2) 화장시 장례예배 순서

(1) 개회사 ··· 인도자
이제부터 고 ○○○형제(자매)의 화장식을 거행하겠습니다.

(2) 찬송 ··· 다같이
  - 찬송가188장(만세반석 열리니)

(3) 기도 ··· 다같이
산 자와 죽은 자의 주가 되시는 하나님 아버지! 주님의 크신 뜻과 은
혜에 따라 부르심을 입은 고 ○○○형제(자매)의 시신을 하나님의 손
에 맡기나이다. 흙은 흙으로, 티끌은 티끌로 돌아가는 인생을 하나님
께서 주셨사옵고 하나님께서 거두시는 줄 압니다. 전능하신 하나님
아버지! 형제(자매)의 육신은 지금 우리 앞에서 사라지오나 진실하신
하나님의 약속이 이루어지는 날 영광스런 몸으로 다시 살아 하나님
의 나라에 임할 것을 믿습니다. 하나님 아버지! 육신의 이별 때문에
슬퍼하는 유족들로 하여금 성령의 위로를 통하여 그리스도의 부활의
소망을 바라볼 수 있게 하여 주시옵소서. 죽음을 이기시고 부활하신
예수 그리스도의 이름으로 기도드립니다. 아멘.

(4) 성경 ··· 인도자
●안개와 같은 인생(야고보서 4:13~17)●
들으라 너희 중에 말하기를 오늘이나 내일이나 우리가 아무 도시에
가서 거기서 일 년을 유하며 장사하여 이를 보리라 하는 자들아 내일
일을 너희가 알지 못하는도다 너희 생명이 무엇이뇨 너희는 잠간 보
이다가 없어지는 안개니라 너희가 도리어 말하기를 주의 뜻이면 우
리가 살기도 하고 이것 저것을 하리라 할 것이거늘 이제 너희가 허탄
한 자랑을 자랑하니 이러한 자랑은 다 악한 것이라 이러므로 사람이
선을 행할 줄 알고도 행치 아니하면 죄니라(참조: 요한복음 5:24~25,
고린도전서 15:50~58).

(5) 설교 ·· 맡은이
생략할 수 있으나 필요시에는 간략하게 한다.
 - 내일 일을 알지 못하는 인간
 - 고 ○○○형제(자매)의 유해를 화장하는 이 시간 죽음을 슬퍼
하기에 앞서 우리는 하나님의 뜻과 섭리를 깨닫는 것이 귀한 일
인 줄 안다.
 - 인간의 계획과 경영이 다 헛된 것임을 깨달아야 한다.
 - 인간의 육신의 생명은 안개와 같은 것임을 깨달아야 한다. 세
상에서 있는 시간은 잠깐일 뿐이다.
 - 인간의 생명은 하나님께서 주관하심을 깨달아야 한다.
 - 썩지 않는 영원한 것을 위하여 살아야 함을 깨달아야 한다.

(6) 축도 ··주기도문

3) 어린이 장례예배 순서
어린이는 12세 미만(초등학생)의 아동을 말한다. 관 옆에 가족들이 둘
러앉거나 서고, 집례자는 관 앞에서 집례한다.

(1) 개회사 ·· 인도자
지금은 ○○○형제(자매)의 어린이 고 ○○○의 영혼이 이 세상을 떠
나 하나님 앞으로 갔습니다. 그래서 우리가 장례식을 거행하려고 이
곳에 모였습니다. 다같이 엄숙하게 이 예식을 진행하겠습니다.

(2) 성경(마태복음 18:3~4) ································· 인도자
가라사대 진실로 너희에게 이르노니 너희가 돌이켜 어린아이들과 같

이 되지 아니하면 결단코 천국에 들어가지 못하리라 그러므로 누구
든지 이 어린아이와 같이 자기를 낮추는 그이가 천국에서 큰 자니라.

(3) 찬송 ·· 다같이
 - 299장(예수께서 오실 때)
 - 300장(예수께로 가면)

(4) 기도 ·· 맡은이
육신으로 이 세상에 계실 때 어린아이들을 지극히 사랑하시고 축복
해 주셨던 예수님, 귀여운 아이가 주님께로부터 세상에 왔다가 주님
께로 돌아갔나이다. 육신의 정에 못이겨 슬퍼하는 가족들의 마음을
위로하여 주시기 비옵니다. 어린 생명을 이 가정에 보내주셔서 짧은
시간이나마 즐거움을 나눌 수 있는 기회를 주셨던 것을 감사하옵니
다. 저들의 애통이 원망으로 변하거나 시험에 들지 않게 하옵시고 이
가정과 친척들에게 더욱 크신 은총과 축복으로 채워 주시기를 예수
님 이름으로 기도드립니다. 아멘.

(5) 성경(마가복음 10:13~16) ························· 인도자
사람들이 예수의 만져 주심을 바라고 어린아이들을 데리고 오매 제
자들이 꾸짖거늘 예수께서 보시고 분히 여겨 이르시되 어린아이들의
내게 오는 것을 용납하고 금하지 말라 하나님의 나라가 이런 자의 것
이니라 내가 진실로 너희에게 이르노니 누구든지 하나님의 나라를
어린아이와 같이 받들지 않는 자는 결단코 들어가지 못하리라 하시
고 그 어린아이들을 안고 저희 위에 안수하시고 축복하시니라.

(6) 설교 ·· 맡은이

어린이를 잃은 부모의 심정은 헤아릴 수 없을 정도로 커다란 슬픔이
므로 집례자는 어린이가 하나님의 뜻에 따라 하나님 나라에서 살 것
이라는 가급적 위로의 말씀으로 설교해서 가족과 부모의 슬픔을 덜
어 주어야 한다.

(7) 축도 ···주기도문

4) 인사장(감사의 글)

인사드립니다.
지난번 저희 ○○○(고 ○○○권사님) 상사시에는 각별한 관심과
조의를 표하여 주신데 대하여 진심으로 감사한 마음을 금할 길
없습니다.
이러한 심정을 직접 찾아 뵙고 아뢰는 것이 당연한 도리입니다
만, 황망 중이라 찾아 뵙지 못하고 우선 이 서신으로 고마움을 전
해 올립니다. 여러분들의 격려는 저희들이 슬픈심정에서 하루 빨
리 벗어날 수 있는 계기가 되고 힘이 되어서 이제는 어머니의 깊
은 정을 마음깊이 새기고 꿋꿋이 일어설 수 있다고 생각됩니다.
귀댁에 하나님의 은혜와 평안이 충만 하시길 빕니다.

년 월 일

상중에 있는 큰아들 ○○○

작은 아들 ○○○ 올림

장례가 끝나면 웃어른을 찾아뵙고 인사드리지만 전화로 일일이 할 수
없으므로 인사장 또는 감사의 글을 우편으로 발송하여야 한다.

5) 참고사항

(1) 장지
① 합장하는 경우
제2장의 1절(우리 의례문화 바로세우기 실천운동 보건사회부 지시)
을 참조할 것.
② 장지는 토질, 방향, 교통편을 고려하여 결정한다.

(2) 장례일
옛 풍습에 짝수의 날보다 홀수의 날로 정하여 운명의 날로부터 3일,
5일, 7일장으로 하고 있으나 가정 형편에 따라 정하되 주일은 피하여
2일장 또는 4일장으로 할 수 있다.

(3) 문상 예문
① 조의금은 흰 봉투의 전면에 '부의' 혹은 '근조', '삼가 조의를 표
합니다' 라고 쓰고, 별지에 위로의 글을 써 넣는 것이 좋다.
② 상주와 인사할 때
- "얼마나 슬프십니까? 하나님의 위로를 받으시기 바랍니다."
- "참으로 뜻밖의 일입니다. 부활의 소망을 가지시기 바랍니다."
- "슬픔 중에 신앙으로 위로를 받으시기 바랍니다."
- 상주는 "죄송합니다" 또는 "망극하옵니다" 의 간단한 인사말을
교환한다.

⑷ 조문객의 유의사항

- 옷은 화려하지 않은 단정한 색으로 하고 붉은 계통의 액세서리
는 가급적 피하는 것이 좋다.

- 흉사시 공수법(손 포개는 것)은 남자의 경우는 오른손이 위로
가게 하고, 여자의 경우는 왼손이 위로 가도록 한다.

- 죽은 이의 은덕이나 효성들을 대화로 삼고 안 좋았던 일이나
흉이나 잡담 등은 삼가한다.

⑸ 묘비(墓碑)

- 무덤 앞에 상석(床石)이 있는데 상석과 향로석(香蘆石)은 불신
자 가정에서 제물을 놓고 향을 피우기 위한 것으로 교인들의 묘
비에는 상석이나 향로석을 만들 필요가 없다.

- 지금은 상석대신 책처럼 조각하여 고인이 평소에 좋아하던 성
구를 새겨 넣는다.

7. 첫 성묘예배

1) 예배 절차

- 믿지 않는 가정에서는 첫 성묘를 '삼우제(三虞祭)'라고 하며,
이것은 삼일만에 혼백(魂魄)을 모신다는 뜻으로 지내는 제사이
기 때문에 교인들은 삼우제라는 표현보다는 '첫 성묘'라는 표현
을 사용하는 것이 좋다.

- 첫 성묘는 장사를 지낸 지 사흘만에 가는 것이 일반적이나, 성
도들은 주일을 피해서 적당한 날을 택하여 성묘함이 좋다.

- 조상의 유덕을 기리며 감사하는 마음을 가져야 한다.
- 묘소를 돌아보고 깨끗이 정리한다(묘지를 가꿀 때 나무를 묘소 가까이 심는 것은 좋지 않고 꽃나무나 상록수 같은 나무는 묘에서 10m 지점에 심어야 한다).
- 한식날이나 추석날의 성묘에는 묘지가 훼손되지 않았는지를 잘 살펴서 무너진 곳은 수축하고 잔디나 꽃을 심어 아름답게 묘지를 가꾸는 것이 자손된 도리이다.
- 예배 후에 나눌 고인의 미담을 준비했다가 자라나는 자손들에게 들려 주는 일도 의미 있는 일이다.
- 묘지에 둘러앉아 고인의 은공과 교훈을 되새기며 하나님께 예배드린다.
- 믿는 사람은 조상의 묘를 향해 절하는 것을 금한다.
- 묘소에 음식을 가지고 갔으면 하나님께 예배 드린 후에 고인의 미담을 나누면서 먹도록 한다.
- 식을 진행할 때에 찬송가의 선정이나 성경구절은 고인이 평소 즐겨 부른 찬송이나 성구를 택하는 것이 의미가 있다.

2) 성묘예배 순서

⑴ 개회사 ···인도자
오늘 우리 가족들이 아버지(어머니)의 무덤 앞에 모여 잠시 동안 하나님께 예배를 드리겠습니다.

⑵ 찬송 ···다같이
- 평소 고인이 즐겨 부르던 찬송

⑶ 기도 ······························· 맡은이

죽은 자의 부활이 되시고 영원한 생명이 되시는 하나님 아버지! 주님
께서 이 땅에 보내셨다가 주님의 나라로 소천하신 아버지(어머니)의
묘소에서 온 가족이 모여 기도드릴 수 있도록 허락하심을 감사드립
니다. 저희들이 슬픈 심정에서 벗어날 수 있는 힘을 주시옵소서. 주
님의 품에 안겨 위로받게 하시고 주님의 뜻대로 신앙생활하는 가족
이 되도록 인도하여 주시옵소서. 주님의 보호아래서 돌아가신 아버
지(어머니)의 믿음과 깊은 정을 마음깊이 새기고 꿋꿋이 살아갈 수
있도록 인도하여 주시옵소서. 예수 그리스도의 이름으로 기도드립니
다. 아멘.

⑷ 성경 ······························· 인도자
 - 평소 고인이 즐겨 애송하던 구절을 봉독한다.

⑸ 찬송 ······························· 다같이
 - 평소 고인이 즐겨 부르던 찬송

⑹ 축도(주기도문) ······························· 다같이

Ⅴ. 추모예식(追慕禮式)

1. 추모예배

　지금까지 하나님을 믿는다 하면서도 조상의 제사문제만은 전통 제의례(祭儀禮)에 대하여 기독교 교리를 논리적으로 안 믿는 가족에게 이해를 시키지 못하고 마찰을 가져와 친족끼리 왕래가 끊기고 의가 상하는 경우가 종종 있다. 반대로 마찰을 피하기 위하여 어느 종교는 같은 하나님을 믿으면서도 제사를 지내기도 하며 '좋은 것이 좋다' 는 식으로 마음이 약한 사람은 자기 합리화를 하면서 제사에 참여하는 사람도 있다.

　제사(祭祀)는 조상의 혼령(魂靈)을 섬기는 예식이기 때문에 음식을 차려 놓고 그 앞에 절을 하는 것이므로, 그것은 기독교 신앙의 십계명의 제 2계명에 위배되는 행위이다.

　『공자가어(孔子家語)』에 보면 공자에게 제자가 묻기를 "자식이 돌아가신 부모에게 음식을 차려 놓고 제사를 드리면 혼령이 와서 제물을 받느냐, 아니면 그렇지 않느냐" 라고 물으니 공자는 아무 대답도 하지 않았다고 한다. 그 의미는 만약 조상의 혼령이 와서 제물을 받는다고 하면 후세의 자손들이 제사를 성대하게 하여 살아 있는 사람의 먹거리가 부족하고 재산이 축날 것이고, 조상의 혼령이 한 번 떠난 이후에는 이 세상에 없기 때문에 제물을 받지 않는다고 하면 후세 자손들이 아주 효(孝)의 근본을 잊어버릴까 염려가 되어서 아무 말도 하지 못하였다는 말이다.

이와 같이 잠을 자는 사람 앞에 진수성찬을 차린들 음식이 있는지 없는지 또, 맛이 있는지 없는지 모르는데, 하물며 죽은 사람이 어찌 와서 음식을 들겠는가. 그러므로 제사음식을 차릴 것이 아니라 돌아가신 조상에 대한 그리움으로 생존시에 가문과 사회에 공헌한 업적을 그리며 가족이 모여 추모(追慕)하는 예식이 필요하다. 추모예식이 끝난 후에는 온 가족이 고인의 믿음의 발자취를 뒤돌아보며 그의 유지를 회상하는 가운데 큰 교훈을 받고 형제 간의 화목과 우의를 더 깊이 다지는 계기가 되어야 한다. 이 예식이 기독교에서 행하고 있는 추모예식인 것이다.

1) 준비

(1) 고인의 사진이 있으면 작은 상 위에 놓고 생전에 고인의 육성을 녹음한 테이프가 있으면 함께 준비한다. 집례자는 상의 옆에 앉거나 서고 가족들은 둘러앉는다.

(2) 대상의 범위는 직계에 한하는 것이 좋고, 추모예식은 고인의 자녀 생존시까지 함이 좋다.

2) 추모예배 순서

(1) 개식사 ·· 집례자
　지금부터 고 ○○○(권사님)의 ○주기 추모예배를 드리겠습니다.

(2) 신앙 고백(사도신경) ···································· 다같이

(3) 찬송 ·· 다같이
  - 534장(세월이 흘러 가는데)

(4) 기도(후손에게 위로와 축복을 위한 기도) ················ 인도자
사랑의 하나님! 우리가 지금 고 ㅇㅇㅇ권사(장로)님의 과거를 추모하
면서 온 가족이 한 자리에 모였습니다. 권사(장로)님이 과거에 살아
있을 때 행한 모든 일을 다시 한번 생각하게 하여 주시고, 권사(장로)
님이 하고자 하였으나 하지 못한 것들을 우리들로 하여금 성취하게
하여 주시옵소서.
우리 각자가 그리스도 안에서 고인에게 다 하지 못한 모든 효도를 생
각하며 우리의 부족함을 고백하오니 용서하옵소서. 사람의 일생은
하루 아침에 있다가 없어지는 안개와 같습니다. 모든 육체는 풀과 같
고 그 모든 영광이 풀의 꽃과 같다고 하였습니다. 세상의 부귀영화가
풀의 꽃이 아니고 무엇이겠습니까? 풀은 마르고, 꽃은 떨어집니다.
그리고 육체는 죽습니다. 육체의 영광도 꽃과 같이 떨어집니다. 그러
나 하나님을 믿는 성도들에게는 영생이 있다고 하였습니다.
우리는 부활의 영생에 들어가는 것을 다시 한번 기억하게 하여 주시
고, ㅇㅇㅇ님의 모범적인 신앙의 본을 다시 되새기게 하여 주시옵고
온 가정에 축복과 위로를 주시옵소서. 예수 그리스도의 이름으로 기
도드립니다. 아멘.

(5) 성경(선택) ··· 인도자
  - 하나님의 권고(창세기 50:24~26)
  - 여호와의 명을 지킴(열왕기상 2:1~3)
  - 연수의 자랑은 아침꽃과 같다(시편 90:1~10)

- 부자와 거지 나사로(누가복음 16:19~31)

- 네가 나와 함께 낙원에 감(누가복음 23:39~43)

- 죽은 사람의 부활(고린도전서 15:20~22, 42~44)

- 다시 만나 서로 위로(데살로니가전서 4:13~18)

- 믿음은 바라는 것들의 실상(히브리서 11:1~12)

- 새 하늘과 새 땅(요한계시록 21:1~8)

(6) 설교 ··인도자

●다시 만나게 되니 서로 위로(데살로니가전서 4:13~18)●

① 부모는 자녀를 키울 때 자기보다 자녀들이 더욱 훌륭한 인물이 되기를 원한다.

② 고인을 추모하는 시간에 나와 비교하면서 깊이 생각하여야 한다.

 - 무엇을 위해 살았는가?

 - 무엇을 향해 달려갔는가?

 - 장차 하나님께로부터 어떤 상, 벌을 받을 것인가?

(7) 기도 ··· 맡은이

(8) 추모 순서

 - 고인의 약력 또는 육성 녹음 청취

 - 유언이나 유서, 유물 공개

(9) 찬송(고인이 즐겨 부르던 찬송) ································ 다같이

 - 231장(주가 맡긴 모든 역사)

 - 531장(때 저물어 날 이미 어두니)

- 541장(저 요단강 건너편에)
- 543장(저 높은 곳을 향하여)

Ⅵ. 경축예식(慶祝禮式)

1. 어린이 생일 · 돌(백일)

1) 의미

(1) 백일

옛날부터 아기를 낳은 지 백일이 되면 잔치를 열었다. 풍습에는 떡(수수경단)을 100집에 돌려야 아기가 수명 장수한다는 설도 있지만 아기가 100일이 되면 눈 근처 30㎝ 정도에 손을 갖다 대면 눈을 깜박거리고 물체의 움직임을 알기 때문에 이러한 사실을 이웃에게 알릴 겸 백일 잔치를 치렀다고 한다.

(2) 돌

돌 잔치는 아기가 이 세상에 태어나서 처음 맞는 생일인 동시에 큰상을 받는 잔치이다. 돌이 되면 걸음마를 배우고 '엄마', '아빠' 등 말을 하고 처음 보는 사람에게는 낯을 가린다. 낯을 가린다는 것은 자기 부모를 안다는 뜻이다. 좋은 옷을 입히고 돌상에 떡과 과일, 쌀, 돈, 연필, 책, 실 등을 차려 놓고 아기가 무엇을 먼저 잡는가에 따라 앞날을 예측하고 즐거워하는 풍습이다. 이 행사는 예배가 끝난 후에 하며 우리 기독교인은 한 예로 아기가 실을 잡았다고 수명이 길겠다는 말을 해서는 안 된다. 사람의 생명을 있게 한 이도 하나님이시며 거두시는 분도 하나님이시다. 그러므로 돌(백일) 잔치를 남들과 같이 못하면 무슨 위축감이라도 있는 것 같이 생각하는 것은 허례허식이다.

돌(백일)이 되었을 때는 가정 형편에 맞는 잔치를 하되 그 목적은 하나님께 감사예배를 드리는 것에 두어야 한다. 이웃과 직장사람들에게 알려 부담을 주는 행위는 하지 말고 가까운 친척끼리 조용하고 검소하게 치르는 것이 기독교인으로서 덕이 된다고 본다.

2) 어린이 생일 · 돌(백일) 축하예배 순서

(1) 개회사 ·· 맡은이
하나님께서 일년(백일) 전에 우리(이) 가정에 아기 천사를 보내 주시고 은혜가운데 양육하게 하셨음을 감사드리며, ○○○의 돌(백일)을 맞이하여 축하예배를 드리겠습니다.

(2) 찬송(선택) ······································ 다같이
- 299장(예수께서 오실 때에)
- 300장(예수께로 가면)

(3) 기도 ··· 맡은이
사랑과 자비가 풍성하신 하나님 아버지! 우리 가정에 귀한 선물인 어린 천사○○○가 그 동안 하나님의 축복 안에서 무럭무럭 잘 자라 오늘 돌(백일)을 맞이하게 하여 주신 것을 감사드립니다. 이 세상은 험

하고 어지러워서 한 날도 이 아기를 위해 염려하지 않은 날이 없었지
만 온 가족과 이웃이 모여 이 아기의 돌(백일)을 기쁨으로 맞이하게
하여 주시니 감사합니다. 이 아기가 하루하루 커갈수록 주님의 놀라
우신 뜻과 영광이 이 세상에 드러나서 주님께서 뜻하고 계획하신 바
가 이 아기를 통해서 온 세상 사람들에게, 특별히 소외되고 외로운
사람들에게 전하여지게 하옵소서. 예수 그리스도의 이름으로 기도드
립니다. 아멘.

(구역 가정의 돌(백일) 잔치에 참가하여 대표 기도할 때는 양육한 부
모를 위해 추가 기도를 한다.)

이 아기를 낳고 오늘까지 주님 뜻 가운데서 믿음으로 먹이고 길러주
신 이 아기의 부모님을 축복하옵소서. 온갖 어려움 속에서도 먼저 주
님 앞에 눈물로 기도하고 정성으로 헌신해온 아기의 부모들의 수고
가 헛되지 않게 풍성한 은혜로 채워 주시기 바랍니다. 오늘 이 자리
에 함께하신 이 가정의 권속들과 친지들 위에 하나님의 축복이 함께
하시기를 예수 그리스도의 이름으로 기도드립니다. 아멘.

(4) 성경(선택) ··· 맡은이

  - 천국은 어린이의 것(마태복음 18:3~5, 19:13~15)
  - 건전한 성장(누가복음 2:40, 2:52)
  - 감동으로 된 교훈(디모데후서 3:14~17)
  - 어린이 감람나무(시편 128:1~4)
  - 어린이를 보호하심(이사야 40:11)

(5) 설교 ·· 맡은이

● 건전한 성장(누가복음 2:40, 2:52) ●

예수님의 성장은 키가 커지고 강하여지며 지혜가 충만하여 하나님의 은혜가 그 위에 있었다고 하셨습니다. 그러므로 어떠한 성장이 바람직한 성장인가를 살펴보고자 합니다.

첫째, 신체적으로는 젖을 잘 먹고 발육이 되면서 키가 크고 잔병 없이 균형있게 성장하도록 진자리, 마른자리 갈아 뉘며 사랑으로 양육하여야 합니다.

둘째, 정신적인 면으로는 지혜가 자라게 해야 합니다. 믿음 안에서의 생활을 통하여 옳고 그름을 판단하는 능력과 사회의 구성원으로 공동체의식 즉, 올바른 예절을 가르쳐 가정과 교회와 사회에서 인정받는 사람이 되도록 양육합니다.

셋째, 하나님과 사람에게 더 사랑스러워야 합니다. 아기가 자라 만 2세 이전에 유아세례를 받도록 그 부모는 하나님께 서약하고 자녀를 양육함에 있어 자녀를 위하여 기도하며 그 아이 눈 앞에 충성함과 경건함의 본을 보이고 하나님이 주시는 힘을 얻어 전력하여 주의 성품과 훈계 안에서 자라게 하여 하나님을 기쁘게 하고 사람에게 유익을 주는 사람으로 키워야 되겠습니다.

(6) 기도 ·· 설교자

이 복되고 기쁜 날, 주님 앞에 원하옵기는 이제까지도 눈동자같이 이 아기를 돌보시고 키워 주셨듯이 앞으로도 그 삶을 인도하여 주시옵소서. 이 아이가 뼈가 자라고 근육이 튼튼하여져서 건강하고 씩씩한 아이로 성장하며 지혜도 충만하여지고 믿음도 굳건하여져서 이 어지러운 세파를 헤치며 하나님의 놀라운 은총 아래 사무엘과 같이 되게 하여 주시옵소서. 예수 그리스도의 이름으로 기도드립니다. 아멘.

(7) 찬송(2항 중 선택) ··· 다같이

(8) 기도 ··· 주기도문

2. 어른의 생일

사람이 태어난 날을 축하하는 것은 세계의 어느 나라든 공통적인 행사일 것이다. 그러나 우리 나라에는 생일 잔치를 하지 않는 곳이 있다. 바로 가나안 농군학교이다.

가나안 농군학교의 고 김용기 장로님은 그 이유에 관하여 다음과 같이 설명하셨다. 예수를 판 가룟유다를 보고 예수님께서는 제자들에게 '그 사람은 차라리 이 세상에 나지 않았으면…' 하고 탄식하셨었다. 우리가 생일을 축하하는 것도 중요하지만 , 과연 우리가 이 세상에 태어나 생일 잔치를 할 만큼 잘 살고 있는지 생각하며 살아야 한다는 것이다. 생일은 지금까지의 삶이 어떠했는지 반성하고 새롭게 계획을 세우는 날이 되어야 한다는 것이다.

우리 나라에서는 흔히 나이 40세가 되면 '불혹(不惑)' 이라고 하여 그 사람의 됨됨이를 그 얼굴에서 알 수 있다고 한다. 그러나 가나안 농군학교에서는 회갑이 되어서야 가족이 아닌 동리 사람들에게 60평생을 살면서 회갑 잔치를 받을 만큼 생활을 하였는지 투표를 하여 과반수가 넘어야 비로소 60년 동안 못 받은 생일 축하와 회갑 축하연을 한다.

우리들도 한 번은 짚고 넘어가야 할 일이 아닌가 생각된다. 생일 잔치는 외형적인 화려함보다는 실질적으로 뜻깊게 보낼 수 있어야 한다. 예로 혼인식수(植樹)기념이나 생일 기념식수, 장학사업 같은 것을 설립하

여 한 그루의 나무를 가꾸는 심정으로 꿈나무를 자라게 하는 생일이 되
면 더 보람을 느끼게 될 것이다.

 1) 어른의 생일 축하예배 순서

(1) 개식사 ··· 인도자
 이제부터 하나님께서 만세 전에 생명을 허락하시고, 우리(이) 가정에
보내 주신 ㅇㅇㅇ의 생일을 맞이하여 하나님께 감사예배를 드리겠습
니다.

(2) 찬송(선택) ·· 다같이
  - 411장(예수 사랑하심은)
  - 442장(선한 목자되신 우리 주)
  - 453장(주는 나를 기르시는 목자)

(3) 기도 ··· 맡은이
 우주 만물을 주관하시며 우리 인생의 주인이 되시는 하나님 아버지!
오늘 주님께서 사랑하시는 ㅇㅇㅇ(장로, 권사, 집사, 성도)의 생일을
맞이하여 사랑하는 가족과 친지들이 이 한자리에 모여 축하예배를
드리게 하심을 감사드립니다.
그 동안 이 세상이 복잡하고 험난한 생활 가운데서도 주님의 도우심
과 은총 속에서 언제나 흔들리지 않는 마음의 생활을 하게 하시고 사
랑이 메말라 서로가 서로를 질시하고 경쟁의 상대로만 여기는 냉냉
한 세태 속에서 참사랑을 몸소 실천하고 증거하는 사랑의 전도사로
서의 삶을 살아오게 하심을 감사드립니다. 이제 오늘 ㅇ년 전에 주님

의 뜻이 계셔서 사랑하는 ○○○를 세상에 보내 주신 날을 기념하는 예배로 모일 수 있도록 인도하여 주시니 감사합니다. 주께서 친히 이 자리에 임재하셔서 이 자리를 복된 축하의 자리가 되게 하옵소서. 예수 그리스도의 이름으로 기도드립니다. 아멘.

(4) 성경 ·· 인도자
  - 복있는 사람(시편 1:1~6)
  - 여호와는 나의 목자(시편 23:1~6)
  - 내 마음이 옥토라야(마태복음 13:1~9)
  - 심은 대로 거두리라(갈라디아서 6:7~10)
  - 만족할 줄 아는 신앙생활(디모데전서 6:8~10)
  - 좋은 일에 힘쓰기를(디도서 2:11~14)
  - 그리스도 안에서의 새 생활(에베소서 4:13~16)

(5) 설교 ·· 인도자

●부지런하고 착하고 행복한 사람(마태복음 13:1~9)●

"사람이 인생을 산다는 것은 농사짓는 것과 같다"고 예수님께서는 비유로 말씀하셨습니다. 생일을 축하하는 것도 중요하지만 지금까지의 삶이 어떠했는지 반성하고 잘못된 것이 있거나 새로운 생각이 있으면 새롭게 계획을 세우는 날이 되어야 합니다.

첫째, 지금까지의 내 삶이 옳았는가? 우리 나라 속담에 '콩 심은 데 콩나고 팥 심은 데 팥난다' 는 말이 있듯이 사람도 저마다 베푼 대로 거둔다는 말이 됩니다. 의로운 일을 열심히 하면 하나님께서 많은 것으로 채워 주실 것입니다.

둘째, 맡은 일을 부지런히 했는가? 행복한 삶이 되려거든 무슨 일에

든지 요행을 바라지 말고 열심히 노력하여 1년 후 또는 10년 후에는
젊어서 뿌린 씨앗을 거두는 여유있는 생활을 하여야 합니다. 마태복
음 25장 달란트의 비유처럼 다섯 달란트, 두 달란트를 받은 사람은
배의 이익을 남겼으나 한 달란트를 받았던 자는 땅에 감추었다가 주
인에게 주니 주인이 무엇이라 했습니까? "이 악하고 게으른 종아, 나
는 심지 않은 데서 거두고 헤치지 않은 데서 모으는 줄로 네가 알았
더냐" 하시며 한 달란트마저 빼앗아 열 달란트 가진 자에게 주었듯이
작은 일에 충성할 때 행복한 사람이 됩니다.

셋째, 천국은 힘쓰는 자가 차지한다고 합니다. 우리가 살아감에 있어
서 자연의 순리에 순응하며 살 때 몸과 마음이 강건해지는 것과 같이
하나님과의 바른 관계와 말씀 순종으로 자신을 만들 때 하나님의 양
육을 받아 천국에 가게 됩니다.

오늘 생일을 맞은 ○○○의 인생의 밭에 좋은 씨를 심고 부지런히 일
함으로 좋은 열매를 맺는 천국가는 농부가 되시기를 바랍니다.

⑹ 기도 ·· 설교자

사랑의 하나님 아버지! 우리(이) 가정이 앞으로 더욱 크게 복을 받게
하옵시며 온 가족이 주님 섬기는 믿음생활에 있어서 더욱 성장하여
영육 간에 강건함을 얻는 복된 삶으로 축복하여 주시옵소서. 그리하
여 이 세상에 빛이요, 소금이 되며 이웃에게는 모범이 되고 덕이 되
는 가정으로 인정받아 주님의 영광을 드러냄으로써 복음을 널리 증
거하게 하옵소서. 오늘 이 자리에 모여 함께 예배드리고 기쁨과 축하
를 나누는 모든 믿음의 식구들의 삶과 건강도 지켜 주시옵소서. 예수
그리스도의 이름으로 기도드립니다. 아멘.

(7) 찬송(선택) ……………………………………………… 다같이

(8) 기도 ………………………………………………………… 주기도문

3. 장수(회갑 · 칠순)

인간은 누구나 장수하고 싶은 욕망이 있다고 한다. 대부분의 노인들이 이제는 그만 살고 죽고 싶다고 하다가도 섭섭함을 대하면 곧 화를 내게 된다. 바로 이것이 장수하고 싶다는 뜻이 된다.

우리 나라에서도 '인생칠십고래희(人生七十古來稀)' 라고 하여 장수는 희귀한 일로 축하를 해 왔다. 성경에서 모세의 기도 중에 "우리의 년수가 칠십이요 강건하면 팔십이라도 그 년수의 자랑은 수고와 슬픔뿐이요 신속히 가니 우리가 날아가나이다(시 90:10)" 라고 기록되어 있다. 지금은 예전과 같지 않고 우리 나라의 평균 수명이 72.4세(남자: 68.8세, 여자: 76세)로 길어져 회갑 축하연은 대부분 하지 않고 여행을 가는 것으로 대신하는 경우가 많다. 노인정이나 복지관을 가 보면 칠순 이상이 대부분이고 회갑 정도 되는 분은 젊은 사람 취급을 받을 뿐더러 그 곳에 가지도 않는다.

성경에 '백발은 영화의 면류관(잠 16:31), 백발은 늙은 자의 아름다운 것(잠 20:29)' 이라고 하였으니 장수를 축하하는 것은 자연스러운 인간의 심정이고 자녀로서 부모를 공경하겠다는 것은 인간의 도리이다. 우리 믿는 사람은 장수를 축하한다고 허례허식에 치우치지 말고 부모님을 외롭지 않고 편안하게 하는 축하가 진정한 축하라고 생각한다.

1) 회갑(칠순) 축하예배 순서

(1) 개식사 ··· 맡은이
생명의 근원이 되시는 하나님께서 지금부터 ○○년 전에 ○○○(장
로님, 권사님, 집사님, 성도)를 세상에 보내시고 오늘까지 살게 하신
하나님의 은혜에 감사하며 회갑(칠순)을 축하하는 예배를 드리겠습
니다.

(2) 성시교독 ··· 다같이
- 교독문 72(어버이 주일)

(3) 찬송(선택) ··· 다같이
- 432장(너 근심 걱정 말아라)
- 433장(눈을 들어 산을 보니)
- 434장(나의 갈 길 다가도록)

(4) 기도 ··· 맡은이
우리 인생의 영원한 목자가 되셔서 언제나 푸른 초장으로, 잔잔한 물
가로 인도해 주시는 하나님 아버지! 오늘 주님이 사랑하시는 ○○○
(장로, 권사, 집사, 성도)님의 회갑(칠순)을 맞이하여 사랑하는 자손
들과 친지 그리고 믿음의 식구들이 한 자리에 모여 축하예배를 드리
게 하심을 감사드립니다. 특별히 주님께서 ○○○(장로, 권사, 집사,
성도)님을 주님의 백성으로 삼으시고 기쁨과 축복 속에 회갑(칠순)연
을 맞이할 수 있도록 하여 주심을 진정으로 감사드립니다. 그 동안
60(70)여 년의 인생살이 속에서 환란과 곤경도 겪었고 이별과 슬픔도

겪었지만 오직 주님만을 의지하며 하루하루를 감사하며 살아온 줄 압니다. 낮은 데 처해서도 높은 데 처해서도, 빈곤과 부귀영화 어느 때에도 함께 하신 주님께서 오늘까지 건강 가운데서 생명을 풍요하게 하실 줄을 믿으며 감사드립니다. 바라옵기는 앞으로도 더욱 건강한 믿음과 소망 가운데서 하나님의 나라를 바라보게 하시며 영육 간에도 더욱 활기찬 능력을 얻어 이 세상에 존경받는 어른으로 살아가게 하옵소서. 예수 그리스도의 이름으로 기도드립니다. 아멘.

(5) 성경 ·· 인도자
  - 나그네 인생(창세기 47:8~12)
  - 지혜의 마음을 얻게 하소서(시편 90:1~17)
  - 장수와 평강(잠언 3:1)
  - 노인의 면류관(잠언 17:6)
  - 목표를 향한 달음질(빌립보서 3:12~16)
  - 믿음의 확신(디모데후서 1:5)
  - 젊은이들의 바른 교육(디도서 2:1~8)
  - 안개 같은 인생(야고보서 4:13~14)
  - 썩지 아니할 씨(베드로전서 1:23)

(6) 설교 ·· 맡은이
●내 평생에 기쁘고 즐겁게 하소서(시편 90:10~17)●
청년기가 봄이라면 노년기는 인생의 가을이기 때문에 봄에 뿌린 씨를 가을이 되어서 추수하는 시기에 해당되며 부부 간에는 사회 생활로 바쁘다가 마주 보는 시간이 많아 말벗이 되는 시기입니다. 이 남은 여생을 어떻게 기쁘고 즐겁게 살 것인가를 하나님께 간구하는 시

간이 되시기를 바랍니다.

첫째, 지혜의 마음을 가져야 됩니다. 하나님께 기도하는 가운데 이 세상에 왔다가 그냥 가는 헛된 인생이 되지 말고 서양 사람과 같이 재산을 모았으면 사회에 환원하여 좋은 일에 사용하도록 하고 하나님 나라를 향해 준비하며 살아야 합니다.

둘째, 주의 택한 자로서 만족하며 살아야 합니다. 지금까지 인생을 살면서 섭섭했던 일이 있으면 다 잊고, 또 회개할 일이 있으면 하나님께 회개하고 살아온 동안 좋은 일만 생각하며 주님의 참사랑 안에서 즐겁게 생활하도록 합니다.

셋째, 영광이 자손에게 나타나게 해야 합니다. 지금까지 가족을 하나님 아버지의 품 안에서 성장하도록 인도하신 부모님의 입장에서 자손들이 범사에 잘 되도록 기도하도록 권고합니다.

넷째, 우리의 모든 행사를 주님의 손에 맡깁니다. 주님은 우리(이)가족의 거처가 되신 것처럼 지금까지 살게 하여 주시고 어려운 일을 당할 때에는 지혜와 용기를 주신 것처럼 남은 여생도 기쁘고 즐겁게 살도록 인도하실 것입니다.

(7) 기도 ·· 맡은이

사랑의 하나님 아버지! ○○○(장로, 권사, 집사, 성도)님의 남은 여생도 가정에서는 믿음과 지혜를 유산으로 나누어 주는 사랑스러운 어머니(아버지)가 되시며 교회에서는 믿음과 덕을 높이 쌓아 젊은 후배 신앙인들에게 믿음의 본을 보이는 주님의 귀한 일꾼으로 축복받는 삶을 살아가게 하옵소서. ○○○(장로, 권사, 집사, 성도)님의 평생의 선하심과 인자하심으로 주님께서 영원히 동행하여 주시옵소서. 예수 그리스도의 이름으로 기도드립니다. 아멘.

VII. 계절에 관한 예식

1. 의미

우리의 전통의례에는 계절과 관계되는 '연중절사(年中節祀)' 라 해서 연시제(年始祭), 한식성묘(寒食省墓) 등이 있다. 이것 외에도 연간 총 44회의 제사를 지내기 때문에 허례허식으로 비생산적으로 낭비되는 경우가 많다. 그래서 현행 가정의례준칙은 이렇게 복잡한 제례를 대폭 수정하여 간소화하고 있다.

죽은 조상의 '기제(忌祭)', 설날 아침에 하는 '연시제', 추석날 아침에 하는 '절사(節祀)' 만을 허용하고 있으나, 모두가 조상에게 드리는 제사이기 때문에 우리 기독교인이 곤경에 빠지는 경우가 있다. 그러나 우리 기독교인이 이 모든 것을 무조건 배척할 것이 아니라, 우리 나라 전래의 풍습이란 차원에서 기독교에서 수용하여 교리상 미신적 요소가 있는 제사 대신 온 가족과 일가 친척들이 모여 하나님께 새해 맞이 감사예배를 드리고 한 해를 설계하면서 정성들여 장만한 음식을 즐거운 마음으로 먹고 이웃의 어른과 친척을 찾아가 새해 인사를 나누도록 한다.

추석은 음력 8월 15일을 가리키며, '중추절(仲秋節)' 혹은 '한가위' 라고도 하고 신라시대에는 '가배(嘉俳)' 라고 하였으며, 예기에는 '춘조

월(春朝月)', '추석월(秋夕月)'이라 하는 데서 유래되었다. 옛 풍습에서는 1년 중 가장 큰 명절로 여겨왔었다. 이 때가 되면 과일과 햇곡식이 풍성하여 오색과일을 갖추어 하나님을 믿지 않는 가족은 차례를 지내고 성묘를 한다. 그러나 교회만이 추석과 추수감사절의 시기가 다르기 때문에 동참하지 못하고 있다.

추수감사절은 서양의 전통인 11월 셋째 주일로 지키고 있기 때문이다. 이 때는 추수가 끝나고 월동준비를 할 시기이므로 하나님께 첫 수확을 감사드려야 할 시기는 아니다. 그러기에 추수감사절은 우리 나라 시기에 맞는 추석절을 전후에서 추수감사절을 새로 지정해야 한다는 주장이 있을 뿐만 아니라, 일부 진보적인 교회에서는 현재 추석날을 추수감사절로 지키는 교회도 있는 만큼 가정에서는 추석날 추수 감사예배를 드리는 것도 바람직하다 하겠다.

성묘예식에 대해서는 제5장 4절 7항의 '첫 성묘' 절차를 참고하면 된다. 성경 말씀 중 고린도전서 10:27~31절에 보면 "불신자 중 누가 너희를 청하매 너희가 가고자 하거든 너희 앞에 무엇이든지 차려 놓은 것은 양심을 위하여 묻지 말고 먹으라 누가 너희에게 이것이 제물이라 말하거든 알게 한 자와 및 양심을 위하여 먹지 말라 내가 말한 양심은 너희의 것이 아니요 남의 것이니 어찌하여 내 자유가 남의 양심으로 말미암아 판단을 받으리요 만일 내가 감사함으로 참예하면 어찌하여 감사하다 하는 것에 대하여 비방을 받으리요 그런즉 너희가 먹든지 마시든지 무엇을 하든지 하나님의 영광을 위하여 하라" 하신 말씀과 같이 우리의 전통풍습이 허례허식을 벗어나 예식들의 참다운 가치가 어디에 있는지를 알아야 한다. 그리고 우리 기독교인은 모든 것을 하나님께 감사하기 위하여 참여하는 예식으로 발전시켜 하나님께는 영광을 돌리고 이웃에게는 모범이 되는 감사 예배가 되도록 해야겠다.

2. 감사예배 순서

1) 신년 감사예배 순서

⑴ 개식사 ··· 인도자
새해 첫 날을 맞아 온 가족이 한 자리에 모여 하나님의 참사랑 가운
데서 기쁨의 새해를 맞이할 수 있도록 허락하신 하나님께 예배를 드
립니다.

⑵ 찬송(선택) ··· 다같이
  - 358장(아침해가 돋을 때)
  - 248장(시온의 영광이 빛나는 아침)

⑶ 성시교독 ·· 다같이
  - 교독문 67(신년예배)

⑷ 기원 ··· 맡은이
지난 한 해 동안도 주님께서 보호하여 주셔서 아무 변고없이 지낼 수
있도록 지켜 주시고 오늘 이렇게 새로운 결심과 각오로 주님 앞에 예
배드리게 하시니 감사드립니다. 새해와 더불어 저희의 심령을 새롭
게 변화시켜 주시며 지금까지 우리 가족을 보살펴 주신 것처럼 금년
에도 우리 가족을 주님의 날개 아래 보호하여 주시옵소서. 우리 주
예수 그리스도의 이름으로 기도드립니다. 아멘.

⑸ 성경 ··· 인도자

- 새 잎사귀(창세기 8:13~22)

- 영원한 규례(출애굽기 12:15~20, 20:12)

- 나는 참 포도나무(요한복음 15:1~10, 19:26~27)

- 오직 성령으로 새롭게(에베소서 4:20~24)

- 간절한 기대와 소망(빌립보서 1:19~21, 2:1~22)

- 좌로나 우로나 치우치지 말라(여호수아 1:7~9)

(6) 설교 ·· 맡은이

● 새해의 우리 가족의 소원(빌립보서 1:19~21) ●

금년 새해에는 우리 가족이 소원을 성취하여 하나님께 영광 돌리는 성공자가 되기를 예수님의 이름으로 빕니다. 자기의 신분을 바로 아는 사람은 소원도 바로 가지게 될 것입니다. 그러면 나 자신은 누구인가를 살펴보면서 부족한 부분을 믿음으로 채우는 한 해가 됩시다.

첫째, 우리 가족은 하나님을 열심히 믿어 의를 행하는 믿음의 성도가 되도록 노력한다.

둘째, 지난해의 미진했던 부분을 보완하고 금년의 계획은 가정이나 사회에 대하여 하기 쉬운 것부터 월별로 세부계획을 세워 차질없이 시행한다.

셋째, 현대 사회에서는 개인주의로 흐르는 경향이 있으나 우리 가족은 이웃과 더불어 생활한다는 공동의식을 갖고 내 이익금의 1/10은 사회에 환원한다는 마음으로 생활한다.

넷째, 온 가족이 주 1회 이상 모여 생활함을 통해 형제 간의 우애를 더욱 두텁게 한다.

이상과 같이 자신의 신분을 기억하고 금년에는 이 신분에 맞는 소원을 품고 하나님의 뜻을 깨달아 하나님의 뜻대로 말하고 행동하여 성

공하는 해가 되기를 예수님의 이름으로 빕니다.

(7) 기도 ·· 주기도문

2) 추석 감사예배 순서

(1) 개식사 ··· 맡은이
때에 따라 햇빛과 단비를 주시어 씨앗이 잘 자라서 풍성한 열매를 맺
을 수 있도록 하신 하나님께 감사하는 예배를 드리겠습니다.

(2) 성시교독 ······································ 다같이
 - 교독문 64, 65(감사절) 중에서 선택하여 봉독한다.

(3) 찬송(선택) ····································· 다같이
  - 305장(사철에 봄바람 불어 잇고)
  - 307장(공중에 나는 새를 보라)
  - 308장(넓은 들에 익은 곡식)
  - 309장(논 밭에 오곡백과)

(4) 기도 ·· 맡은이
저희들이 무엇이관대 궁핍함이 없도록 먹을 것과 입을 것을 풍족히
채워 주시는지 주님의 그 크신 은혜와 사랑에 감사드립니다. 저희들
이 금년 한 해 동안 힘쓰고 애써서 일을 했다고 하지만 주님의 은혜
가 아니었다면 어찌 저희가 이 기쁨을 가질 수 있었겠습니까? 이렇게

귀하고 즐거운 추석 명절을 맞이하여 흩어져 살던 온 가족이 다시금 한자리에 모여 하나님께 감사예배를 드릴 수 있도록 인도하여 주심을 감사드립니다. 예수 그리스도의 이름으로 기도드립니다. 아멘.

(5) 성경(선택) ··· 인도자
　- 초막 속에서 감사(레위기 23:39~43)
　- 내 소유가 다 풍부하게(신명기 8:6~7)
　- 추수감사절을 바로 지키자(신명기 16:13~17)
　- 거룩한 축복에 감사(시편 91:1~12)
　- 땅에서 싹을 낸다(이사야 61:10~11)
　- 좋은 열매 얻으려면(누가복음 6:43~45)
　- 영원히 목마르지 아니하리라(요한복음 6:2~35)
　- 감사를 넘치게(골로새서 2:1~7)
　- 범사에 감사하라(데살로니가전서 5:18)

(6) 설교 ·· 맡은이
●범사에 감사하라(데살로니가전서 5:18)●
세상에는 식량이 부족한 나라가 많아 어려움을 겪고 있는데도 우리를 특별히 택하셔서 의식주를 해결하여 주신 하나님께 감사드립니다. 하늘은 높고 푸르며 시원한 바람이 불어서 마음의 여유를 가져다 주는 이 계절에 무르익은 오곡백과를 보면서 만물을 통해 우리의 삶 속에 깊이 드리워진 하나님의 은혜를 생각할 수 있게 된 것에 감사해야 합니다.
첫째, 천하를 주고도 바꿀 수 없는 구원을 선물로 주신 것을 하나님께 감사해야 합니다.

둘째, 사계절을 주시고 이를 섭리하시는 하나님의 주권과 섭리를 믿고 감사해야 합니다.

셋째, 온 가족에게 영육 간에 건강을 주셔서 협력하여 일하게 하신 주님께 감사해야 합니다. 우리 가족은 성숙한 감사를 드림으로 하나님께 영광을 돌리고 하나님의 참사랑과 복을 받는 가족이 되기를 주님의 이름으로 기원합니다.

(7) 기도 ··· 맡은이

우리 가족은 그 동안 땀흘려 수고한 대로 그 열매를 거두는 추수기를 맞이하여 우리 가족들의 육의 양식만을 거두어 들일 것이 아니라, 영의 양식도 같이 거두어 들이는 은혜를 허락하여 주시옵소서. 또한 그 동안 우리들이 주님의 곳간에 들어가기에 합당한 삶을 살았는지 또 주님의 일을 방해하지는 않았는지 조금이라도 잘못된 것이 있으면 그 잘못을 깨달아 옳은 길로 인도하여 주시옵소서. 나 자신을 항상 낮추며 자기를 버림으로써 주님의 뒤를 따르는 참된 종들이 되게 하옵소서. 우리 주 예수 그리스도의 이름으로 기도드립니다. 아멘.

(8) 찬송 ··· 다같이
 · 307장(공중 나는 새를 보라)

(9) 기도 ··· 주기도문

VIII. 주택 및 생업에 관계되는 예식

1. 의미

예배당 건축(기공식, 정초식, 헌당식)은 기독교 표준 예식서에 의하여 당회에서 주관하기 때문에 생략하지만, 평범한 사람들은 주택을 짓기 시작하여 상량식이나 집을 완공하고 입주할 때 전래되는 풍습대로 아직도 북어를 매달고 돼지머리를 차려 놓고 제(祭)를 지내는 사례가 종종 있다.

한 예로 과천 정부제2종합청사에 입주하면서 입주고사(告祀)를 지내야겠는데 가정의례준칙에 못하게 되어 있기 때문에 돼지머리를 그림으로 그려 놓고 고사를 드렸다는 웃지 못할 신문의 가십기사를 본 적이 있다. 고사의 주된 목적은 건물을 짓는 데 수고한 사람들을 대접하고 또 이웃에게도 알릴 때, 빈손으로 가서 "이웃으로 이사 온 사람입니다"라고 하기보다는 떡을 가지고 인사를 하면 떡을 받은 집에서 빈그릇으로만 줄 수 없어 과일이나 채소 등으로 보답하는 상부상조의 정신에서 내려온 풍습인데 죽은 돼지머리나 마른 북어에 복을 달라고 절을 하는 것은 아주 잘못된 생각이다.

특히 기독교인 가정에서 전래풍습을 따르는 것은 십계명 중에 제2계명에 위배되기 때문에 안 된다. 그렇다고 어떤 의식이라도 행하지 않았을 경우 사고라도 나면 원망을 듣게 되기 때문에 건축 공정상의 모든 절차를 하나님께 맡기는 감사 예배를 드리고 수고할 분과 이웃에게 위로와 협조를 부탁드리며 음식을 대접해야 할 것이다. 주택에 관계되는 예식으로는 공사를 시작하면서 갖는 기공식, 정초식, 준공식이 있으나 특히 준공식은 예배당, 회사건물, 학교 등의 공적으로 사용되는 경우에는 하지만, 개인 주택인 경우에는 거주지를 옮기는 일이므로 입주(이사)예배를 드리고, 별도로 사업을 시작할 때 우리에게 거주할 집과 생업의 터전을 주신 하나님께 개업감사의 예배를 드려야 한다.

2. 예배 절차

1) 기공식(起工式) 예배 순서

주택을 짓는 공사절차이므로 조용한 가운데 건물이 완성될 때까지 하나님께서 도와 주실 것을 확신하며 수고하실 분들과 같이 감사예배를 드리고, 별도로 준비한 음료와 다과를 나누며 격려한다.

(1) 개식사 ·· 인도자
오늘 우리 가족이 지낼 수 있는 보금자리를 짓도록 허락하신 하나님께 먼저 감사드리며 예배를 드리겠습니다.

(2) 찬송 ·· 다같이
- 379장(주의 말씀 듣고서)

(3) 기도 ……………………………………………………… 맡은이

사랑의 하나님 아버지! 저희 가족들이 지낼 보금자리를 짓고자 이와 같이 수고하실 분들과 같이 하나님께 감사예배를 드리오니 모든 절차를 주관하여 주시옵소서. 한편으로는 기쁘고 감사하면서도 인간이기 때문에 저희 마음은 뒤숭숭하고 손이 떨립니다. 연약한 저희들을 붙들어 주시옵소서. 두려움에서 벗어나 이 주택이 순조로운 완공을 보게 하여 주시옵소서. 하나님께서 건축 현장에 항상 같이 하여 주시옵소서. 예수 그리스도의 이름으로 기도드립니다. 아멘.

(4) 성경(선택) …………………………………………………… 맡은이
　- 견고한 건축(역대상 17:5~15)
　- 여호와의 전(에스라 3:10~11)
　- 반석 위에 지은 집(마태복음 7:24~27)
　- 지혜로운 건축자(고린도전서 3:10~15)
　- 산돌같이 신령한 집(베드로전서 2:4~8)

(5) 설교 ……………………………………………………… 인도자
●지혜로운 건축자(고린도전서 3:10~15)●
집을 짓기 위하여 첫 삽을 뜨는 오늘 성경 본문을 보니 지혜로운 건축자와 같이 터를 닦고 그 위에 건축할 것을 권고하고 집을 착수하기 전에 예산에 맞추어 설계와 건축 한계를 정하여 집짓기를 시작해 예산이 부족하여 시험에 드는 일이 없도록 여유있는 집을 짓자.
첫째, 예수 그리스도의 터 위에 내 인생을 건축한다는 마음과 몸가짐으로 예수님을 닮도록 노력해야 한다.
둘째, 집을 짓다가 예산이 부족하면 큰 낭패를 당하게 되고 또 물질

로 시험에 들게 되니 예산의 범위 내에서 계획을 세워야 한다. 예수님께서도 누가복음 14장 28절에 누가 망대를 세우자고 할 때 자기가 가진 것이 준공하기까지 만족한지 먼저 그 비용을 계산하지 않겠느냐고 말씀하셨다.

셋째, 우리 민족을 '빨리빨리 민족' 이라고 한다. 서둘지 말고, 자재는 좋은 것으로 쓰고, 콘크리트는 양생이 잘 되도록 시간을 갖고 백년대계로 우리 가족이 오래도록 하나님 모시고 평화롭게 살 집을 짓자.

(6) 소개(수고하실 분들을 소개한다.)

(7) 찬송 ··· 다같이
 - 379장(다시 불러도 무방하다.)

(8) 기도(주기도문) ································ 다같이

2) 정초식(定礎式) 예배 순서

정초식을 우리 나라 전래풍습은 '사량식' 이라고 하여 중앙에 벽이 다 되면 석가래를 걸치는 대들보에 건축일자를 적어 걸치는 행사를 말한다. 근래에는 서양식 건물로 짓기 때문에 머릿돌을 잘 다듬어서 정초 년, 월, 일과 혹은 성구 등을 새겨 넣어 정초식장에 흰보자기 또는 (한지)로 덮어 놓는다.

(1) 개회사 ··· 인도자
 이 집은 온 가족이 하나님의 사랑 가운데서 지낼 따뜻한 보금자리입

니다. 지금까지 순조롭게 진행되어 정초식을 갖게 된 것을 하나님께
감사하는 마음으로 예배를 드리겠습니다.

(2) 찬송 ·· 다같이
  - 379장(주의 말씀 듣고서)

(3) 기도 ·· 맡은이
인생의 생사화복을 주관하시는 하나님 아버지! 기공식예배를 드린
지 얼마 안 되는 것 같은데 집 짓는 일이 순조로와 오늘 온 가족과 수
고하신 분들이 모여 정초예배를 드리게 된 것을 하나님께 감사드립
니다. 이 집의 건축을 통하여 하나님께 영광돌리고 이웃에게 기쁨을
주고 온 가족이 하나님의 사랑 가운데서 열심히 살게 하여 주시옵소
서. 이 집을 짓는 데 수고하신 모든 분들에게 하나님의 인도하심이
있기를 예수 그리스도의 이름으로 기도합니다. 아멘.

(4) 성경(선택) ·· 인도자
  - 성전을 세우다(에스라 6:1~15)
  - 하나님이 세운 집(시편 127:1~5)
  - 지혜로운 자의 건축(마태복음 7:24~27)
  - 지혜로운 건축가(고린도전서 3:10~15)
  - 반석 위에 세운 집(누가복음 6:46~49)
  - 산돌같이 신령한 집(베드로전서 2:4~8)

(5) 설교 ·· 맡은이
  ●보배로운 산돌(베드로전서 2:4~8)●

'머릿돌' 하면 우리 믿는 성도들은 예수그리스도를 생각하게 된다. 그분이 머릿돌이 되셨기 때문이다. 기독교의 핵심이 예수님이듯이 각 건축물의 핵심도 머릿돌이라 하겠다.

첫째, 예수그리스도는 사람에게 버린 바 되었다. 그러나 그 수난 이후에는 우리의 영적 건물의 머릿돌이 되셨다.

둘째, 예수그리스도는 믿는 자에게는 보배로운 산돌이 되셨다.

셋째, 예수로 인하여 우리 가정도 신령한 집을 세워 예수그리스도를 머릿돌로 삼아 하나님의 뜻을 온전히 이루어 번영하는 가정이 되고 아름다운 집의 준공을 볼 수 있기 바란다.

(6) 정초 ·· 인도자

인도자는 머릿돌 옆에 서서 다음과 같이 선언한다.

"성부와 성자와 성령의 이름으로 이 기초 위에 머릿돌을 두노라. 예수 그리스도께서 우리 믿는 이들의 반석이 되신 것처럼 이 기초가 반석이 될찌어다. 아멘."

(7) 기도 ·· 맡은이

하나님 아버지! 오늘 거룩한 장소에서 정초식예배를 드리게 된 것에 감사드립니다. 머지않아 이 자리 이 집에서 온 가족과 이웃이 모여 입주예배를 드릴 수 있도록 남은 집 짓는 일도 인도하여 주시옵소서. 수고하시는 분들께 건강과 지혜를 주시옵소서. 예수 그리스도의 이름으로 기도드립니다. 아멘.

(8) 경과(가족끼리 예배드릴 때는 생략할 수 있다.) ············ 맡은이

(9) 기도(마침기도 후 주기도문) ······························· 다같이

3) 입주(入住)예배 순서

건축물이 완공되면 건축법에 따라 당국에 준공 공사를 필한 후에 입주하게 되는데 준공 예식은 예배당이면 헌당식, 회사나 학교 등 공적으로 사용되는 건물이면 준공식을 갖지만 개인 주택인 경우에는 무사히 완공되어 입주하게 된 것을 하나님께 감사하는 입주예배로 대신한다. 예배를 드린 후 이웃집을 청하여 준비한 음식을 나누어 먹거나 음식을 이웃집에 보내어 새로 이사했음을 알리면서 서로 왕래하게 된다. 입주(이사) 때 택일(擇日)과 그 밖의 미신적 행위를 밟지 않도록 주의해야 하며 주일날은 피하여 이사한다.

(1) 개식사 ······································· 인도자
오늘 무사히 새 집에 입주(이사)하게 된 것을 하나님께 감사드리며 예배를 드리겠습니다.

(2) 신앙 고백 ······························· 다같이
우리는 신앙의 공동체입니다. 그러므로 사도신경으로 우리의 신앙을 고백합시다.

(3) 찬송(선택) ······························· 다같이
  - 34장(전능왕 오셔서)
  - 305장(사철에 봄바람 불어 잇고)
  - 433장(눈을 들어 산을 보니)
  - 488장(내 영혼에 햇빛비치니)

(4) 기도 ·· 맡은이

전지전능하시고 무소부재하신 하나님 아버지! 오늘 우리의 가정이 새 집을 지어 입주(이사)하고, 하나님 앞에 예배드릴 수 있도록 인도하심을 감사드립니다. 바라옵기는 새로 이사한 이 집에서 이전보다 더욱 하나님을 잘 섬기게 하옵소서. 그리하여 영육 간에 강건함을 얻어 이사하기 이전보다 이사한 후의 생활이 더 큰 축복을 누리게 하옵소서. 이제 우리(이) 가정도 새로운 삶의 터전으로 옮기고 주님께 영광 돌리오니 기쁘게 받아 주시며 앞으로 이 처소를 축복하여 주시고 항상 동행하여 주셔서 우리(이) 가정이 안식함을 얻고 새 힘을 얻어 나날이 부흥발전해 나갈 수 있는 터전으로 삼아 주시옵소서. 예수 그리스도의 이름으로 기도드립니다. 아멘.

(5) 성경(선택) ·· 인도자

  - 여호와의 집에 거하자(시편 122:1~9)
  - 여호와께서 복을 주심(시편 133:1~3)
  - 향유 냄새가 가득함(요한복음 12:1~3)
  - 온 집안이 하나님을 경외함(사도행전 10:1~8)

(6) 설교 ·· 맡은이

●향유 냄새 집안 가득히(요한복음 12:1~3)●

예수께서 마르다에 집에 갔을 때, 마리아는 좋은 향유를 예수님 발에 붓고 자기 머리털로 그의 발을 닦았습니다. 그 향유냄새는 집안 뿐 아니라 밖으로 퍼져 나가고 그 향기를 맡은 사람을 즐겁게 해 주었습니다. 향기로운 꽃, 향기로운 냄새, 얼마나 좋고 흐뭇합니까? 물리적으로 풍기는 향수 같은 것은 곧 싫증이 나고 생명력이 짧지만 정신적

향기는 싫증도 안 나고 생명력이 길게 유지됩니다. 가정도 부자가 집이 크다는 소문 같은 것은 오래 가지 못하지만 '그집은 화목하다' 라든지 '친절한 집' 이라는 향기는 다른 사람을 즐겁게 해 줍니다.

첫째, 온유한 사람은 복이 있습니다(마5:5). 앞의 생활예절에서와 같이 얼굴에 부드러움이 있고, 입술에 미소가 있고, 말에는 온화의 빛이 있고, 행동에는 평화의 표정이 있어야 되겠습니다.

둘째, 깨끗한 향기가 가득하길 바랍니다. 우리는 보통 생활에서도 몸가짐이 단정하고 예의바른 행동을 할 때 그 주위에 향기가 가득하게 됩니다. 깨끗한 물과 공기, 깨끗한 음성, 얼마나 흐뭇하고 아름다운 일입니까? 우리 집안에 깨끗한 향기가 가득하게 하려면 가족들이 예수 그리스도의 마음을 품어야 합니다.

셋째, 집 안에 덕(德)의 향기가 가득하기를 바랍니다. 덕이 있는 사람은 겸손하고 정직하고 성실할 뿐 아니라, 신의 (信義)를 지키고 자기 책임을 다하고 화목을 이루는 생활을 하게 됩니다. 공자(孔子)는 "덕불고 필유린(德不孤 必有隣)" 이라고 했습니다. 덕이 있는 사람은 외롭지 않고 고독하지 않고 덕성의 향기가 나는 집안은 이웃집과 화목하게 지내고 주위에 많은 친구가 아껴 주는 집이 됩니다.

(7) 기도 ··· 맡은이

우리(이) 가정이 새로 이사 온 이 곳에서 그리스도의 사랑을 전하고 덕을 세우게 하옵소서. 그리하여 살아 계신 하나님의 능력을 증거하고 주의 말씀을 전하는 전도의 가정이 되게 하옵소서. 우리(이) 가정으로 인하여 이웃이 복음화 되고 하나님 나라가 확장되는 큰 역사가 일어나게 하옵소서. 예수 그리스도의 이름으로 기도드립니다. 아멘.

(8) 찬송 ……………………………………………… 다같이
  - 순서 (3)항 찬송 중에 선택하여 부른다.

(9) 기도(마침기도 후 주기도문) ……………………… 다같이

4) 개업예배 순서

지금은 선전(PR) 시대이다. 그러므로 가족의 생계를 위해 사업을 알
리는 계기가 되며, 또 협조받을 것과 협조할 것이 자연스럽게 이루어질
수 있는 예배가 되기 때문에 가능하면 이웃과 친지를 초청하여 함께 감
사예배를 드리는 것이 좋다. 예배를 마친 후에는 간단히 자축하는 다과
회를 갖는 것이 바람직하다.

(1) 개식사 ……………………………………………… 인도자
우리 가정(○○○성도가)에서 ○○를 개업하기에 앞서 예배를 드릴
수 있도록 인도하여 주신 하나님께 감사예배를 드리겠습니다.

(2) 찬송(선택) ………………………………………… 다같이
  - 375장(영광을 받으신 만유의 주여)
  - 376장(내 평생 소원 이것 뿐)
  - 408장(내주 하나님 넓고 큰 은혜는)
  - 433장(눈을 들어 산을 보니)

(3) 성시교독(시편 23편) ……………………………… 다같이

(4) 기도 ··· 맡은이

나의 요새가 되시며 산성이 되신 하나님 아버지! 사업을 시작하도록
인도하여 주심을 더욱 감사드리며 개업예배를 드립니다.

거룩하신 하나님! 때로는 나의 지혜를 먹고 살다가 어리석은 자가 되
고 나의 재능을 의지하다가 실패하기 쉬운 자이오니 우리들의 계획
이나 지략으로 개업하지 말게 하시고 주님의 뜻이면 이것도 하고 저
것도 하는 자가 되게 하옵소서. 일을 시작한 이도 하나님이시며 일을
성공시킬 이도 하나님이시오니 하나님과 동행하는 사업이 되게 하옵
소서. 주님께서 나를 인도해 주시고 나를 품안에 안아 주시기를 믿고
일하게 하소서. 예수 그리스도의 이름으로 기도합니다. 아멘.

(5) 성경(선택) ·· 인도자
  - 보이는 땅과 종을 줌(창세기 13:14~18)
  - 주께 감사하는 생활(역대상 29:10~13)
  - 처음 익은 열매로 감사(잠언 3:5~10)
  - 은혜의 선물(에베소서 3:8)
  - 장사하며 이를 보리라(야고보서 4:13~17)

(6) 설교 ··· 맡은이

●사업의 비결(야고보서 4:13~17)●

사업을 하려는 사람이 이 일을 위하여 계획을 세우고 철저하고 빈틈
없이 수행할지라도 주님이 허락하지 않으면 성공할 수 없다는 것이
야고보의 교훈입니다. 인간이 아무리 꿈을 가지고 계획을 세우고 성
공을 장담할지라도 인간은 내일일을 모릅니다.

첫째, 의(義)로운 사업이어야 합니다. 사업의 종류는 많으나 궁극적

인 목적은 이익을 얻는 데 있는 것입니다. 그러나 기독교인의 사업은 이익보다는 그 사업이 의로운 사업인가를 먼저 생각해야 합니다. 거미와 같은 사업은 자기의 이익을 위해 다른 곤충을 해칩니다. 개미와 같은 사업은 근면과 저축의 천재이나 남에게 도움도 받지 않고 동시에 남을 도우려하지 않습니다. 그러므로 의로운 사업이 될 수 없습니다. 꿀벌과 같이 협동과 봉사정신으로 남에게 도움을 주려는 사업이 의로운 사업입니다.

둘째, 정직한 사업이어야 합니다. 사업에 있어 정직보다 더 좋은 자본은 없습니다. 정직한 마음과 생활은 사업을 번영하게 하고 이용하는 사람에게 기쁨을 줍니다.

셋째, 하나님의 도우심을 받는 사업이어야 합니다. 잠언에서는 마음의 경영은 사람에게 있어도 말에 응답은 여호와께서 한다(잠16:19). 즉, 사업의 성공은 하나님의 도움없이 할 수 없다는 것이 성경의 교훈입니다. 사업을 시작하면서 주님께 예배드리는 것도 능력 많으신 하나님의 손에 의탁하는 행동입니다.

(7) **찬송**(선택) ·· **다같이**
 - 408장(내 주 하나님, 넓고 큰 은혜)
 - 478장(주 날개밑 내가 편히 쉬네)

(8) **기도**(마침기도 후 주기도문) ···························· **다같이**

●참고문헌
●가정의례예식에 필요한 찬송과 성경구절

● 참고문헌

1. 가례보전 대한투자신탁 홍보책자

2. 김득중,『실천예절개론』, 교문사, 1997.

3. 권순만,『관혼상제백과』, 일신서적, 1996.

4. 한국정신문화연구소,『국민윤리학』, 박영사, 1985.

5. 조성은,『기독교 윤리학』, 총회신학출판부, 1987.

6. 태극기 게양 및 관리요령, 총무처, 1997.

7. 고객중심 경영교재, 철도공무원 교육원, 1998.

8. 임택권,『기독교 가정의례 지침』, 한국문서선교회, 1990.

9.『표준 예식서집』, 대한예수교장로회총회(합동), 총회교육부, 1990.

10. 김소영,『표준예식서』, 한국장로교출판사, 1998.

11. 조제은,『가정 추모예배』, 선교무화사, 1989.

12. 김창인,『예식과 설교』, 충현출판사, 1990.

13.『장례예식서(목회자용)』, 기독교상조회.

14. 임은종,『기도하는 법』, 목회자, 1979.

15. 이신구,『기독교인의 예절』, 한국문서선교회 ,1996.

16. 다끼기도시오,『국제매너 상식사전』, 도서인쇄(일본).

17. 최유환,『목회와 가정의례』, 소망사, 1995.

1. 성년 예식

1) 찬송

- 303장(가슴마다 파도친다)
- 430장(내 선한 목자)
- 431장(내 주여 뜻대로)
- 442장(선한 목자 되신 우리 주)
- 456장(주와 같이 길 가는 것)

2) 성경

- 청년 때 창조자를 기억하라(전 12:1)
- 나의 잃은 양을 찾아오라(눅 15:6)
- 인도와 보호(요 10:11~12)
- 덕을 세우는 일(고전 10:23~33)
- 그리스도를 통해 받은 복(엡 5:3~6)
- 그리스도 안에서 온전한 사람(벧전 4:13~16)

2. 약혼 예식

1) 찬송

- 23장(만 입이 내게 있으면)
- 28장(복의 근원 강림하사)
- 434장(나의 갈 길 다가도록)
- 442장(선한 목자 되신 우리 주)

2) 성경

- 이삭의 약혼(창 24:50~60)
- 복 있는 사람(시 1:1~3)
- 완전한 약속(호 2:19~20)
- 신앙 안에서 열쇠3개— 믿음 · 소망 · 사랑(고전 13 :1~8)
- 마음으로 뜨겁게 피차 사랑하라(엡 2:11~13)
- 약혼 서약시 참고(전 5:2~7)
- 피차의 인격 존중(골 3:12~15)

3. 혼인 예식

1) 찬송

- 28장(복의 근원 강림하사)
- 286장(성부님께 빕니다)
- 287장(오늘 모여 찬송함은)
- 456장(주와 같이 길가는 것)

2) 성경 - 서약에 필요한 성구

- 신부에게: 아내들아 남편에게 복종하라 이는 주 안에서 마땅하니라
  (골 3:18).
- 신랑에게: 남편들아 아내를 사랑하며 괴롭게 하지 말라(골 3:19).
- 부부의 사명(창 1:27~28)
- 부모를 떠나 아내와 연합(창 2:18~25)
- 아내는 여호와의 선물(잠 19:14)
- 현숙한 아내는 진주보다 귀하다(잠 31:10~31)
- 둘이 함께라면(전 4:9~12)
- 하나님이 짝지어 주심(마 19:3~6)

■ 한 길을 걷는 남녀가 취할 길(막 10:6~9)
■ 부부는 서로 보완 관계(고전 7:13~14)
■ 서로 복종 하고 경외하라(엡 5:22~33)
■ 거룩함과 존귀함으로 아내를 취함(살전 4:3~6)
■ 부부의 삶의 자세(딤전 2:8~15)
■ 부부의 질서(벧전 3:1~7)

4.장례 예식

1) 임종

(1) 찬송
■ 226장(저 건너편 강 언덕에)
■ 230장(저 뵈는 본향집)
■ 360장(예수 나를 오라 하네)
■ 363장(내 모든 시험 무거운 짐)
■ 364장(내 주를 가까이 하게 함은)
■ 434장(나의 갈 길 다 가도록)

(2) 성경
이 땅에서 육신이 죽음으로 주님 앞에서 영생할 수 있다는 희망을 주는 성구로, 운명 직전이기 때문에 서투른 설교보다는 구역장, 권찰, 가족 대표가 성구를 낭독함이 좋다고 생각된다.
■ 쉴만한 물가로 인도하심(시 23:1~6)
■ 성도의 죽는 것을 귀히 보심(시 116:1~19)
■ 여호와께서 의인을 사랑하심(시 146:1~10)
■ 창조하시고 평안도 주심(사 45:6~7)
■ 침상에서 편히 쉬리라(사 57:1~2)

■다 내게로 오라(마 11:28~29)

■네가 나와 함께 낙원에 있으리라(눅 23:42~43)

■하나님의 자녀가 되는 권세(요 1:1~12)

■영생을 얻는 길(요 3:16~21)

■부활의 길(요 11:25~27)

■내 처소를 예비하심(요 14:1~3)

■육체의 부활(고전 15:35~49)

■땅의 장막과 하늘의 집(고후 5:1~4)

■생사는 주님의 뜻대로(고후 5:8~9)

■하늘의 시민권(빌 3:20~21)

■의의 면류관(딤후 4:6~8)

■주님의 희생을 통한 속죄(히 9:23~28)

■땅의 영광은 지는 꽃과 같다(벧전 1:24~25)

■수고를 그치고 편히 쉬리라(계 14:13)

■새 하늘과 새 땅(계 21:1~4)

2) 입관 · 발인

표준예식서에 의하여 목사님이 집례를 하지만 누구나 참고할 수 있도록 찬
송가 곡명과 성구를 기재하였다.

(1) 찬송

■222장(보아라 즐거운 우리 집)

■230장(저 뵈는 본향 집)

■289장(고생과 수고가 다 지난 후)

■291장(날빛보다 더 밝은 천국)

■534장(세월이 흘러가는데)

■543장(저 높은 곳을 향하여)

■ 545장(하늘 가는 밝은 길이)

(2) 성경

■ 조상에게로 돌아가 장사됨(창 15:15)

■ 여호와의 명을 지킴(왕상 2:1~3)

■ 육체 밖에서 하나님을 뵐 것임(욥 19:25~27)

■ 주께 의지하는자 복 있는 자(시 84:10~11)

■ 연수의 자랑은 아침 꽃과 같다(시 90:1~10)

■ 믿는 자는 사망에서 영생으로(요 5:24~29)

■ 죽음에 대한 애도―공무로 순직시(요 15:13)

■ 하늘에 있는 영원한 집(고후 1:1~10)

■ 살든지 죽든지 주의 영광을 위해(빌 1:20~21)

■ 다시 만나게 되니 서로 위로(살전 4:13~18)

■ 생명수 샘으로 인도하심(계 7:13~17)

■ 세마포 예복을 입게 하심(계 19:8)

3) 하관

(1) 찬송

■ 188장(만세반석 열리니)

■ 226장(저 건너편 강 언덕에)

■ 364장(내 주를 가까이 하게 함은)

(2) 성경

■ 흙으로 돌아가는 인생(창 3:19)

■ 조상 뒤를 따라감(창 25:7~8)

■ 주께서 내 오른손을 붙드셨다(시 73:20~25)

■ 지나가는 그림자 같은 인생(시 144:2~5)

■ 흙으로 돌아가는 인생(시 146:1~4)

■ 영원한 집으로 돌아감(전 12:1~5)

■ 선을 행한 자는 생명의 부활로 나오리라(요 5:24 ~29)

■ 부활의 주님을 만남(요 11:25~26)

■ 성령이 주시는 생명(롬 8:1~2)

■ 주님과 함께 사는 곳(고후 5: 1~8)

■ 더 나은 본향을 향하여(히 11:13~22)

■ 안식을 누림(계 14:13)

■ 새 하늘과 새 땅(계 21:3~4)

4) 위로예배

(1) 찬송

■ 226장(저 건너편 강 언덕에)

■ 293장(천국에서 만나보자)

(2) 성경

유가족이 긴장이 풀려 피로함으로 성경봉독으로 설교를 대신할 수 있다.

■ 여호와는 나의 목자시니(시 23)

■ 천국에서 맞날 가족들(마 8:11~12)

■ 신앙의 계승(고전 11:1~2)

■ 인생의 발자취(히 8:1~12)

■ 성도가 갈 곳(계 21:1~4)

5) 화장과 어린이 장례예배

(1) 찬송

■ 188장(만세반석 열리니)

■ 299장(예수께서 오실 때에)

■ 300장(예수께로 가면)

(2) 성경

■ 안개와 같은 인생— 화장시(약 4:13~17)

■ 생명의 부활— 화장시(요 5:24~25)

■ 육체의 부활— 화장시(고전 15:50~58)

■ 어린아이 와 같을 때 천국 감(막 10:13~16)

■ 영원부터 영원까지(시 103:13~18)

5. 첫 성묘 · 추모예배

1) 찬송

■ 222장(보아라 즐거운 우리집)

■ 233장(황무지가 장미꽃 같이)

■ 534장(세월이 흘러가는데)

■ 544장(잠시 세상에 내가 살면서)

■ 543장(저 높은 곳을 향하여)

2) 성경

■ 네가 복되고 형통하리라(시 128:1~6)

■ 모든 세상 사람이 가는 길(왕상 2:1~3)

■ 죽는 날이 출생보다 낫다(전 7:1~4)

■ 부자와 거지 나사로(눅 16:19~31)

■ 선과 악을 행한 자의 심판(요 5:24~29)

■ 헛되지 않은 삶(고전 15:35~44)

■ 땅의 장막과 하늘의 집(고후 5:1~6)

■ 은혜 받고 구원 받을 때(고후 6:1~2)
■ 그리스도의 재림을 기다리며(살전 4:13~18)
■ 하나님의 종다운 삶(벧전 2:11~12)
■ 새 하늘과 새 땅(계 21:1~4)

6. 경축예배 — 돌(백일)·생일·회갑(칠순)

1) 찬송
■ 28장(복의 근원 강림하사)
■ 299장(예수께서 오실 때에)
■ 300장(예수께로 가면)
■ 302장(주님께 귀한 것 드려)
■ 305장(사철에 봄바람 불어 있고)
■ 432장(너 근심 걱정 말아라)
■ 433장(눈을 들어 산을 보니)
■ 434장(나의 갈 길 다 가도록)
■ 442장(선한 목자 되신 우리 주)
■ 453장(주는 나를 기르시는 목자)

2) 성경
⑴ 돌(백일)·어린이 생일
■ 새 생명을 주신 하나님께 감사(삼상 1:21~24)
■ 모태에서부터 주님께서 취하신 몸(시 71:1~6)
■ 어린이 감람나무(시 128:1~4)
■ 어린이를 품안에 보호하심(사 40:11)
■ 천국은 어린아이의 것(마 19:13~15)
■ 건전한 성장(눅 2:40)

■ 부모로 부터 받은 신앙(딤후 1:3~10)

(2) 어른 생일

■ 기도로 구하는 마음(삼하 7:18~29)

■ 복 있는 사람(시 1:1~6)

■ 여호와는 나의 목자(시 23:1~6)

■ 지혜를 얻게 하소서(시 90:1~17)

■ 여호와는 내 편이시라(시 118:6~9)

■ 응답은 하나님이 하신다(잠 16:1)

■ 경건한 삶에 대한 교훈(잠 22:1~4)

■ 내 마음이 옥토라야(마 13:1~9)

■ 심은 대로 거두리라(갈 6:7~10)

■ 만족할 줄 아는 신앙 생활(딤전 6:8~21)

■ 좋은 일에 힘쓰기를(딛 2:11~14)

■ 그리스도 안에서의 새 생활(엡 4:13~16)

(3) 회갑(칠순·장수)

■ 나그네 인생(창 47:8~12)

■ 지혜의 마음을 얻게 하소서(시 90:1~17)

■ 장수와 평강(잠 3:1~2)

■ 노인의 면류관(잠 17:6)

■ 목표를 향한 달음질(빌 3:12~16)

■ 믿음의 확신(딤후 1:5)

■ 젊은이들의 바른 교육(딛 2:1~8)

■ 안개 같은 인생(약 4:13~14)

■ 썩지 아니할 씨(벧전 1:23)

7. 계절에 관한 예배

1) 신년 감사예배
(1) 찬송
- 248장(시온의 영광이 빛나는 아침)
- 358장(아침해가 돋을 때)

(2) 성경
- 새 잎사귀(창 8:13~22)
- 영원한 규례(출 12:15~20)
- 좌로나 우로 치우치지 말라(수 1:7~9)
- 나는 참 포도나무(요 15:1~10)
- 오직 성령으로 새롭게(엡 4:20~24)
- 간절한 기대와 소망(빌 1:19~21)

2) 추석 감사예배
(1) 찬송
- 305장(사철에 봄바람 불어 잇고)
- 307장(공중에 나는 새를 보라)
- 308장(넓은 들에 익은 곡식)
- 309장(논밭에 오곡백과)

(2) 성경
- 초막 속에서 감사(레 23:39~43)
- 내 소유가 다 풍부하게(신 8:6~10)
- 추수 감사절을 바로 지키자(신 16:13~17)
- 땅에서 싹을 낸다(사 61:10~11)

■ 넓은 들에 익은 곡식(마 9:37~38)

■ 좋은 열매 얻으려면(눅 6:43~45)

■ 영원히 목마르지 아니하리라(요 6:24~35)

■ 감사를 넘치게(골 2:1~7)

■ 범사에 감사하라(살전 5:16~18)

8. 주택 및 생업에 관계되는 예배

1) 기공식 · 정초식(가정집)
(1) 찬송

■ 379장(주의 말씀 듣고서)

(2) 성경

■ 견고하게 건축 할 것이요(대상 17:5~15)

■ 여호와의 전 지대(스 3:10~11)

■ 반석위에 지은 집(마 7:24~27)

■ 지혜로운 건축가(고전 3:10~15)

■ 산돌같이 신령한 집(벧전 2:4~8)

2) 입주예배
(1) 찬송

■ 34장(전능왕 오셔서)

■ 305장(사철에 봄바람 불어 잇고)

■ 433장(눈을 들어 산을 보니)

■ 488장(내 영혼에 햇빛비치니)

(2) 성경

■ 여호와의 집에 거하자(시 122:1~9)
■ 여호와께서 복을 주심(시 133:1~3)
■ 향유 냄새가 가득한 집(요 12:1~3)
■ 온 집안이 하나님을 경외함(행 10:1~8)

3) 개업예배

(1) 찬송

■ 375장(영광을 받으신 만유의 주여)
■ 376장(내 평생 소원 이것뿐)
■ 408장(내 주 하나님 넓고 큰 은혜는)
■ 433장(눈을 들어 산을 보니)

(2) 성경

■ 보이는 땅과 종을 주리니(창 13:14~18)
■ 주께 감사 생활(대상 29:10~13)
■ 십일조를 드릴 것(말 3:10)
■ 처음 익은 열매로 감사(잠 3:5~10)
■ 적은 소득이라도(잠 16:8)
■ 은혜의 선물(엡 3:8)
■ 장사하여 이를 보리라(약 4:13~17)
■ 복 받는 사업(행 16:14~15)